라이언식
이직 테크트리

한 번에 연봉 33% 올린 이직 천재의 이직 플랜은 무엇이 다를까

라이언식
이직 테크트리

라
이
언 지음

찾다

이런 사람들을 위해 썼습니다.

1. 하루라도 빨리 회사를 옮겨야 하는 절체절명의 직장인
2. 역량과 태도가 훌륭하지만 회사에 자신의 능력을 잘 어필하지 못하는 직장인
3. 조금이라도 더 자신에게 맞는 일과 더 나은 환경을 위해 도전하는 직장인

꿈을 향해 도전하는
철부지 남편을 언제나 믿어주는
아내에게 이 책을 바칩니다.

차
례

누구나 직장생활의 전환점을
만들어낼 수 있다

열심히 일한 만큼
제대로 평가받고 보상받는 세상

대한민국 직장인은 하루를 어떻게 보내는가. 입사 전부터 치열한 경쟁을 뚫고 영혼을 갈아 넣어 겨우 들어간 회사에서 건강을 잃을 정도로 열심히 일한다. 엄청난 정신적, 육체적 스트레스에 시달리는 일도 허다하다. 나도 그런 직장인 중 한 명이다. 10년 정도 직장생활을 하고 나니 '회사생활이 정말 쉽지 않다'는 생각이 든다. 연차가 쌓일수록 위에서 내려오는 압박도 만만치 않고, 해결해야 할 새로운 과제도 많아진다. 새벽·야간·주말까지 투자하여 초과근무를 해도 일은 언제나 끝나지 않고 남아 있다.

회사란 일만 잘하면 되는 곳이던가? 회사 역시 사람들이 모인 곳이다. 다들 조금이라도 더 나은 대우를 바라고 더 높은 곳을 바라보고 있기 때분에 사내 정치도 종종 필요하다. 나와 맞지 않는 사람과도 잘 지내야 하니 인간관계에서 오는 감정노동도 건강을 엄청나게 갉아먹는다. 어디 그뿐인가. 뜻하지 않게 등장한 빌런들 덕분에 마음에 치명상을 입을 때도 있다. 몸과 영혼을 갈아 넣어 성과를 만들어내도 인사고과 때 "이번에는 정말 아쉽게 됐다"라는 말만 되풀이해서 듣는다.

어떤 곳에서 일하더라도, 어떤 일을 하더라도 회사생활은 힘들다. 그렇다면 기왕 회사를 다닐 바에 노력한 만큼 보상을 받고, 내 가치를 최대한 인정받으면서 일하는 게 어떨까? 많은 것을 바라는 게 아니다. 내가 하는 일이 보다 높은 성과로 연결되고, 내가 들인 노력이 제대로 평가받아 이에 상응하는 보상을 받고자 하는 것 뿐이다.

회사는 더 이상
안전하지 않다

갑작스레 찾아온 코로나로 우리의 삶은 완전히 바뀌었다. 특히 비즈니스 환경이 크게 바뀌었는데 슬프게도 많은 기업이 인력을 감축하고, 사업을 축소하고, 회사 문을 닫았다. 이로 인해 많은 노동자들이 갑자기 원치 않은 일을 하게 되거나, 회사 밖으로 떠밀리고 말았다. 이제 회사는 더 이상 안전한 곳이 아니다.

"저는 이 회사에 뼈를 묻겠습니다"라는 멘트가 더 이상 맞지 않는 시대가 되어버린 것이다. 꼭 가고 싶었던 회사에 입사해서 내가 하고 싶었던 일을 하는 시대는 지나갔고, 뽑아주는 곳이면 우선 감사하게 다녀야 하는 시대가 된 지 오래다. 한때 건실했던 기업이 더 이상 강자가 아닌 약자로 진락하는 경우도 허다하다. 그 어느 때보다도 기술적, 환경적 변화가 빠른 지금, 이에 빠르게 적응하지 못한 기업은 도태되고 있다. 기업을 넘어 산업 자체가 순식간에 위기를 맞고, 또 어떤 기업은 이러한 변화를 기회 삼아 순식간에 스타가 되기도 한다. 이런 시대에 한 회사에 끝까지 충성을 다하며 의리를 지킨다고 하는 것이 과연 현명한 방식일까?

지금은 누구에게나 정보가 열려 있고, 수많은 기회가 생겨나고 있다. 현재에 안주하지 않고 두려워도 과감하게 도전할 때이다. 내 능력을 조금이라도 더 필요로 하는 곳, 나의 적성과 더 잘 맞아서 스트레스를 덜 받으면서 일할 수 있는 곳, 내가 투자한 시간이 더 나은 결과로 연결될 수 있는 곳, 월 30만 원이라도 더 받을 수 있는 곳을 찾아 문을 두드려보자. 아주 약간의 용기만 내면 훨씬 좋은 미래가 당신 앞에 펼쳐진다.

이직에도
전략이 필요하다

나 역시 직장인으로서 수많은 시행착오를 겪었다. 그리고 수많은 시도 끝에 네 번의 이직을 할 수 있었다. 나의 첫 회사는 안정적인 대기업이었다. 이곳을 그만둔다고 했을 때 가족부터 선배까지 뜯어말리는 사람이 대부분이었지만, 이직한 덕분에 그동안 꿈꾸었던 업계에서 희망하던 직무를 경험할 수 있었다. 지금은 예전보다 더 높은 보상을 받으며 훨씬 만족스러운 근무 환경에서 일하고 있다. 지금 생각해보면 첫 번째 이직은 무모하기도 했으며 가능성도 높지 않았다. 산전수전을 겪으면서 도전한 끝에 얻은 결과였다.

이 치열했던 도전 과정 끝에 깨달은 바가 있다. 바로 '이직에도 전략이 필요하다'는 사실이다. 특히 이직은 제품을 알리고 구매로까지 이끄는 '마케팅'과 유사한 부분이 많다. 나는 그 점에 착안하여 이직의 각 단계에 마케팅 기법을 접목하였고 이직에 필요한 전략과 전술을 완성해냈다.

이 책에서 이직을 결심한 당신에게, 서류 준비부터 면접까지 채용담당자를 홀려 당신의 연봉 앞자리를 바꿔줄 이직의 핵심 비법을 모조리 전하고자 한다. 이 책에 나온 방법들은 직장인이자 마케터로서 내가 직접 고안한 비법이다. 나를 프로 이직러로 만들어주었고 지금도 활용하고 있는 나만의 이직 노하우다. 이 책이 사막 한가운데서 험난한 여정을 시작한 당신을 옆에서 든든하게 도와줄 것이라 믿는다.

이제부터, 이직을 보다 빠르고 올바른 방향으로 인도해줄 비밀 전략을 당신에게 소개하겠다. 여기, 검증된 매뉴얼이 있다. 당신에게 필요한 것은 용기와 실행뿐이다.

1장

새로운 업계로 이직하며
연봉을 33%
올릴 수 있었던 비결

초보 이직러가
깨달은 것들

에피소드 1

대기업에서 맛본 실망과 좌절,
이직을 결심하다

대한민국에서 취업을 준비해본 사람이라면 대부분이 그랬겠지만, 나 또한 취업이란 관문을 뚫기까지 많은 난관이 있었다. 대학시절 광고인이 되어 보겠다고 막연하게 생각했지만, 졸업을 앞둔 시점까지 취업 준비가 전혀 되어 있지 않았던 탓에 200번이나 탈락의 고배를 마셨다. 결국 취업을 준비한 지 1년 6개월 만에 가까스로 통신회사의 B2B 영업사원으로 입사하게 되었다. 나의 취업 성공 스토리는 이미 한 권의 책으로 출간되었을 만큼 방대한 내용이라 여기에서는 짧게 두 가지만 강조하고 싶다. 첫째, 각고의 노력으로 수많은 좌절 끝에 운 좋게 대기업에 입사했다는 점. 둘째, 예비 광고학도가 당장 취업하기 위해 꿈을 버리고 생소한 통신 회사 영업직에 발을 들였다는 것.

최종 합격 메일을 받았을 때 세상을 다 가진 기분이었다. 앞으로 꽃길만 펼쳐질 것이라 생각했다. 나비 모양의 그룹사 배지를 잘 보이게 정장 재킷에 붙이고 다녔고, 어깨의 뽕은 하늘을 찌를 듯했다. 입사 후 1년간은 그동안 억눌러온 소비 욕구를 분출하며 나 자신을 위해, 그리고 그동안 신세진 분들을 위해 돈 쓰는 재미로 세월을 보냈다.

신입사원으로 2년을 보내자 현실이 눈에 들어왔다. 처음 품었던 대기업에 대한 환상은 사라지고, 회사의 실제 모습과 시장에서의 경쟁력이 선명하게 보였다. 지금 하고 있는 일을 앞으로 계속 할 수 있을지, 적성에 대한 고민도 시작되었다. 문과 출신인 나에게는 네트워크, 통신 등의 용어가 생소하고 어려웠으며, 불행히도 너무나도 재미가 없었다. 사내 스터디에 참여해 공부도 열심히 했지만, 밥값을 하기 위해 어쩔 수 없이 시도한 노력이었다. 일단 취업부터 하고 보자는 생각으로 선택한 영업직이다 보니 마음 한곳에서는 오래전부터 동경하던 광고와 마케팅에 대한 열망이 항상 꿈틀대고 있었다.

이렇게 3년을 보내자 마침내 결국 버티기 어려운 상태가 되었다. 눈이 자꾸만 다른 곳으로 향했다. 처음부터 이직을 생각한 건 아니었다. 회사 내에서 어떻게 하면 조금이라도 더 내가 하고 싶은 일을 할 수 있을까? 하고 기회를 엿보았다. 그때 마침 회사 내 신규사업팀이 새로 생겼고, 운 좋게도 스카우트 제의를 받게 되었다. "불안정한 조직이니 조금 더 참아라"는 선배님의 조언에도 불구하고 나는 기꺼이 팀을 옮겼다.

처음에는 회사의 미래를 책임진나는 신규사업팀의 역할에 매료되어 열정을 쏟았다. 팀의 막내였지만 마치 스티브 잡스라도 되는 양 신규사업을 성공시키기 위해 열정을 불태웠다. 당시 아이폰을 필두로 모바일 혁명이 진행되던 시기였기에, 위기감을 느끼고 회사를 살리려고 했다. 하지만 회사에서는 통신회사 특성인 안정 지향적인 분위기가 지배적이었다.

"박 매니저는 왜 그렇게 열심히 해? 어차피 곧 합병될 건데."

모기업과의 합병만을 바라보고 손 놓고 있는 주변 선배들의 말을 들으면 힘이 빠지기도 했다. 회사 임원들이 모인 자리에서 신규사업 아이템에 대해 PT를 하며 열변을 토했지만, 새로운 BM^{Business Model}에 관심이 있거나 이해하고자 하는 임원은 거의 없었다. 하품을 하거나 눈을 감고 있는임원도 있었다. 이 회사가 과연 새로운 사업을 시도할 수 있을까, 의문이 들기 시작했다.

안타깝게도 신규사업을 적극 후원해주신 경영지원 부문장님이 정쟁으로 회사를 떠나게 되자 보복성 조직개편이 시작되었다. 신규사업팀과 함께 데뷔를 앞둔 나의 작품은 그렇게 역사 속으로 사라졌다. 나는 그 당시 엄청난 실망감으로 한동안 충격에서 헤어 나오지 못했다. 하지만 신규사업을 준비하는 동안 명확한 목표가 생겼다. 이제는 확실한 흐름이 된 모바일 관련 비즈니스를 제대로 경험해보고 싶다는 목표였다. 현재 회사 안에서는 그 일을 할 수 없다는 사실 또한 분명해 보였다.

이어진 업무 평가에서 나는 한 번 더 좌절의 쓰나미를 겪었다. 당시 나의 실적 평가는 99점이었다. 무력하고 나태한 회사 분위기와는 별개로 나의 열정적인 모습은 좋은 평가로 이어졌다. 주변 선배들은 99점이면 무조건 S(최고)등급이니 진급을 축하한다고 설레발을 떨었다. 그런 분위기에 취해 나는 동기들 중 가장 먼저 진급하는 상상을 했다. 신규사업은 물거품이 되었지만 회사에서 나의 노력을 알아준다면 만족할 수 있을 것 같았다. 하지만 종합 평가에서 나는 S등급을 받지 못했고 진급도 하지 못했다. 이는 이례적인 사례였다. 공정하지 않다고 생각했지만, 조직이 없어진 마당에 받아들이는 것 말고는 할 수 있는 게 없었다.

나는 누구보다도 열심히 했고 노력한 만큼 인정받고 싶었다.

"일은 안타깝게 되었지만, 정말 멋있었다."

이 한마디면 충분했다. 하지만 두 번의 연이은 좌절을 겪은 뒤 나는 회사와 심적으로 점점 멀어지고 있었고 결국 떠나기로 결심을 하게 되었다. 그렇게 이직 프로젝트 〈Shift Plan〉이 시작되었다.

이직 초보의 삽질,
끊임없는 도전 끝에 기회를 잡다

〈Shift Plan〉이라고 거창하게 프로젝트 이름까지 만들고 조용히 새로운 기회를 찾아 나섰다. 목표 직종을 '모바일 기획'으로 잡고, 이 일을 할 수 있는 곳을 찾아 리스트업했다. 그리고는 내 방 한쪽 벽에 설치해놓은 유리 보드에 나의 이직 목표를 잘 보이게 적어두었다.

목표 직종: 모바일 기획

목표 기업: 페이스북, 구글, 라인, 제니퍼소프트, 나이키, 네이버, 다음, 삼성전자

나름대로 목표 기업도 적어놓고 본격적인 이직 활동을 시작했다. 이직 경험이 전무했던 나는 우선 도서관에서 이직과 커리어에 관련된 책을 모조리 빌려서 이직에 도움이 되는 정보를 확보하였다. 하지만 이직은 생각만큼 쉽지 않았다. 경력직 채용은 관련 업무를 수행한 경험이 가장 중요한데 신규사업팀에서의 경험이 그나마 유사한 경험이었던 나는 서류조차 쉽게 통과할 수 없었다. 처음에는 목표 기업에만 지원서를 넣었지만, 계속 떨어지는 현실을 직시하고는 모바일과 관련된 곳이라면 무조건 지원하기 시작했다. 계속된 서류 광탈 속에서도 좌절하지 않고 지원한 끝에 디지털 광고회사의 모바일 사업기획 포지션으로 드디어 면접을 보게

되었다. 그전에는 이름만 몇 번 들어본 회사였지만, 조사해보니 KT 그룹 계열사이고 광고 시장에서는 실력 있는 미디어 에이전시였다. 경험해보지 않은 업계인 만큼, 열심히 조사하고 예상 질문도 많이 뽑아가며 면접을 준비하였다.

면접 당일이 되었다. 하루 휴가를 쓰고 면접 한 시간 전에 미리 면접 장소인 강남에 도착했다. 별다방에 들어가서 며칠간 준비한 자료를 다시 한번 보았고 최신 기사도 찾아보았다. 떨려서 눈에 잘 들어오지도 않았다. 드디어 지원 기업 사옥 1층에 도착했다. 나의 첫 경력 면접을 기념하고자 회사 표지판을 사진으로 찍어 남겼다. 그리고 생애 첫 경력 면접이 시작되었다.

면접관은 2명이었다. 편안한 복장에서 개방적인 기업문화가 엿보였다. 실무 면접인 만큼 모바일 광고 비즈니스에 대해 묻는 심층 질문이 계속 이어졌다. 인터넷으로 조사한 내용만으로는 당연히 역부족이었고, 나는 헛소리를 연발했다. 모르는 것을 추측하여 아는 것처럼 이야기하기도 했다. 광고 분야를 그동안 관심 있게 지켜봐왔지만, 모바일 광고 시장은 많이 변해 있었다. 면접이 끝나자 아쉬움이 많이 남았고 좋은 결과를 예상할 수 없었다.

'경력 면접이 이런 거구나. 분위기도 파악하고 경험치를 높인 것으로 만족하자' 하고 스스로를 다독였다. 그런데 예상과 달리 결과는 합격이었다. 임원 면접에 초대를 받은 것이다. 믿기 어려웠지만 회사를 하루라도 빨리 떠나고 싶었기에, 정신을 차리고 임원 면접을 준비했다.

임원 면접은 실무 면접에 비해 오히려 수월했다. 비즈니스 관련 질문보다는 직업관, 지원동기, 태도에 관한 질문이 많았기 때문이다.

"왜 통신회사에서 광고회사로 오려고 하나요?"
"모바일과 광고에 대한 경험이 부족한데 잘 해낼 수 있을까요?"
"대기업에서 작은 회사로 오는 건데 잘 적응할 수 있을까요?"

부사장급 임원 3명의 질문 공세가 한 시간 정도 이어졌고, 나는 그동안 준비한 내용으로 공격과 수비를 했다. 그동안 어떤 마음으로 신규사업에 매진하였고, 앞으로 어떤 일을 어떻게 하고 싶은지 진솔하게 이야기했다. 그리고 그 일을 왜 이 회사에서 하고 싶은지도.

"언제부터 출근할 수 있나요?"

이 마지막 면접 질문을 듣고 어쩌면 합격할 수 있을지도 모르겠다고 생각했다.

면접에서 마지막으로 남긴 나의 클로징 멘트는 다음과 같다.

"함께 일하는 동료들에게 '이렇게 일하는 사람도 있구나'라는 것을 한번 보여주고 싶습니다."

나는 많이 부족한 지원자였지만 이 멘트는 멋있었나. 면접관들의 눈에서 하트가 보이는 것 같았다.

예상대로 바로 다음 날 인사팀의 합격 메일을 받았다. 생애 첫 경력 면접을 한 번에 최종 합격한 것이다. 그뿐만 아니라 팀원 채용 면접이었는데 팀장 포지션을 제안받았다. 지금까지도 이 회사에서 나를 왜 선택했는지 짐작만 할 뿐 정확히 이해가 되지는 않는다. 관련 경험은 부족했지만 패기와 태도를 좋게 봐주신 듯하다. 특히 대기업에서 300명 규모의 작은 회사로 와서 도전하고자 하는 모습에 점수를 주지 않나 추측해본다. 어찌 됐든 이렇게 불가능에 가까운 도전 끝에 꿈꾸던 모바일 비즈니스로 발을 들이게 되었다. 직장인으로서 완전히 '업의 지도'가 바뀌는 순간이었다.

하지만 얼마 지나지 않아 직종을 바꾼다는 것이 굉장히 무모한 도전이라는 것을 깨달았다. 유선통신회사에서 광고회사로 분야가 바뀐 덕분에 목 디스크가 올 정도로 많은 노력을 해야 했다. 주변에 도와주는 사람은 없고, '대기업에서 왔다는데 얼마나 잘하는지 보자'는 마음으로 지켜보는 사람들만 있는 것 같았다. 또한 팀장이라는 책임감 때문에 팀원들이 피해를 보지 않도록 더 많은 시간을 투자하고 노력해야 했다. 농구 황제 마이클 조던도 야구 선수로 전향했을 때 얼마나 혹독한 좌절을 맛보았던가. 남들보다 늦게 시작한 만큼 따라잡기 위해 열심히 배우고 공부했다. 업무에 들이는 시간 또한 남들보다 많아야 했다. 새벽에 출근해서 가장 늦게 퇴근했고, 점차 미래의 수명을 미리 가져다 쓰고 있다는 느낌마저

들었다. 회사 수면실의 단골손님이 되었고 팀원들은 나를 '좀비'라고 부르기도 했다.

무엇이 나를 이렇게 몰아세웠을까? 회사에서 그 누구도 나에게 야근을 강요하지 않았는데….

'새로운 도전을 실패가 아닌 성공 스토리로 만들어야 한다.'
'내 결정이 옳았음을 보여주겠다.'
'하고 싶은 일을 할 때 좋은 결과로 이어진다.'

내 결정이 옳았음을 보여주고 싶었다. 또 하나는 책임감이었다. 어린 팀원들에게 좋은 팀장, 본받고 싶은 리더가 되고 싶었다. 멋모르고 무식하게 분야를 바꾼 대가는 정말 잔인할 정도로 혹독했지만 과거처럼 시간이 아까운 일을 하고 있다는 생각은 들지 않았다. 전에는 본업을 두고 과외로 탐구하던 분야가 이제 본업이 되자 큰 기쁨과 희열이 느껴지기도 했다. 생각이 잘 통하고 열정의 온도가 비슷한 친구들과 함께 일하는 것 또한 큰 기쁨이었다.

꿈의 확장,
진정한 마케팅에 도전하다

디지털 광고회사에서 일한 지 3년이 되었다. 그동안 단기간에 집중력을 발휘하여 많은 프로젝트를 수행하였다. 하지만 일의 경험치가 쌓일수록 또다시 갈증을 느끼기 시작했다. 광고 에이전시는 대행사이자 중간자 입장이라 광고를 집행하고도 광고주가 최종적으로 얼마나 성과를 달성했는지 알 수가 없었다.

'직접 광고주가 되어 통합적인 관점에서 다양한 마케팅을 수행하면 얼마나 재미있을까?'

'반쪽짜리 마케팅을 하고 있는 건 아닌가?'

이런 아쉬운 마음에 광고주 사이드(인하우스) 마케팅에 도전장을 내밀게 되었다.

그 당시에 마케팅과 광고 분야에서 경력이 길진 않았지만, 그동안 남들보다 2배로 쌓아온 경험과 지식이 있었고, 보여줄 성공 스토리가 많이 있었다. 광고 시장에서 인정해주는 업계 1등 기업에 다니고 있다는 점 또한 이직에 유리하게 작용했다. 처음 이직에 도전할 때는 보여줄 수 있는 스토리가 부족해서 일에 대한 태도만 강조할 수밖에 없었지만, 지금은 달랐다. 내가 해온 일 자체가 무기가 되고 있었다. 게다가 헤드헌터로부터 일주일에 2회 이상 오퍼를 받고 있었다. 나는 이제 충분히 팔릴 만한 '자원'이었다.

이러한 사신감으로 국내 1위 온라인 쇼핑몰 마케팅 총괄로 이직을 했다. 목표하던 광고주 사이드 마케터가 된 것이다. 관리자 포지션에 지원했기 때문에 바로 회사 대표와 대면 인터뷰를 했다. 대표는 젊은 기업가였고, 시장에서 큰 성공을 맛보고 있었다. 회사가 폭발적으로 성장하고 있었기에 좀 더 체계적이고 전문적으로 마케팅을 진행하려는 니즈가 있었다. 나는 '마케팅팀을 맡게 된다면 이런 것을 시도해 이러한 결과를 만들고자 한다'라고 계획을 이야기했다. 그것은 대표가 그동안 바라던 그림이었다. 그곳에서 합격 통지를 받은 뒤 인사담당자로부터 받은 피드백이 기억에 남는다.

"부서장님 이력서를 보자마자 연락을 드려야지, 하고 생각했어요."

당시 나는 내 이력이 돋보일 수 있도록 차별화한 이력서 양식을 사용했다. 다들 천편일률적으로 정형화된 이력서를 사용하기 때문에 디자인에 조금만 신경을 써도 눈에 확 띌 수 있겠다고 생각을 했다. 그리고 그 전략이 주효했다는 것을 확인할 수 있었다.

당시 외국계 광고회사 등 몇몇 기업과도 면접을 진행하고 있었다. 하지만 나는 큰 고민 없이 이 온라인 쇼핑몰을 선택했다. 다른 기업들은 채용

25

스케줄이 너무 느슨했다. 1차 면접을 본 외국계 기업에서는 1개월이 지나야 후속 프로세스를 안내할 정도였다. 반면 이 온라인 쇼핑몰에서는 대표가 직접 와달라고 내게 손을 내밀었다. 나는 나를 조금이라도 더 필요로 하는 곳에서 일하고 싶었다. 조건을 따지지 않고 다른 곳의 채용은 모두 중단하였고, 이곳으로 입사를 결정했다.

내가 제시한 솔루션에 대한 기대가 반영되어 기존 회사에서 받던 연봉보다 33% 인상된 금액으로 연봉협상을 진행했다. 천만 원 이상 높아진 연봉을 보자 부담감이 컸다. 회사를 성장시켜야 한다는 책임감이 예전과 비교되지 않을 정도였다. 패션 브랜드 4개, 뷰티 브랜드 1개의 마케팅을 총괄하는 중압감도 엄청났다. 광고 경험은 쌓여 있었지만 패션과 뷰티 업계는 생소해서 비즈니스를 파악하는 데도 시간이 걸렸다. 마케팅을 진행함에 있어서도 광고비 집행에 국한된 에이전시와 달리 하루하루 판매 성과까지 책임지는 광고주 사이드 마케팅은 더 큰 책임이 따랐다. 특히 잘 나가는 브랜드 하나를 제외한 나머지 브랜드는 마케팅팀에서 어떻게 마케팅을 하느냐에 따라 실적이 좌지우지되는 상황이었다.

마케팅 총괄로서 책임져야 하는 업무의 범위도 매우 넓었다. 광고부터 이벤트, PR, 콘텐츠 마케팅까지 업무도 많고 관리해야 하는 인력도 많아서 업무량은 또다시 상상을 초월하는 수준이 되었다. 회사에 가장 일찍 출근하여 가장 늦게 퇴근했고 주말에도 빈번하게 나갔다. 출산이라는 빅 이벤트가 나를 기다리고 있었지만 아이를 맞을 준비를 제대로 하지 못해 아내에게 늘 미안했다. 회사의 성과를 책임지는 자리, 마케터로서 자존

심이 걸려 있는 자리, 관리자로서 팀원들을 리드해야 하는 자리에서 엄청난 스트레스를 받으며 1년 넘게 버텨나갔다.

근무 환경이 전과 크게 달랐고 스트레스도 컸지만, 하고 싶은 일이었기에 버틸 수 있었다. 나는 마케터로서 많은 예산을 가지고 다양한 채널에 마케팅을 시도해보고 싶었다. 회사에서 네이버, 페이스북, 구글, 카카오까지 마케터라면 경험할 수 있는 거의 모든 채널을 활용하며 그동안 에이전시로서 느끼던 한계와 갈증을 해소했다. 마케터로서 역량도 단기간에 성장했다. 매월 많은 예산을 쓰면서 마케팅 효율을 점검하고 성과를 개선한 결과 광고비 투자 대비 성과를 높일 수 있었다.

또한 부서장으로서 수많은 팀원을 채용하며, 어떻게 해야 뽑는 사람의 시선을 사로잡을 수 있는지 터득할 수 있었다. 처음 이 회사에 입사했을 때 우리 팀은 팀원이 1명이었고, 나중에는 12명이 되었다. 과거 광고회사에서도 팀원을 채용한 적이 있었다. 하지만 이번에는 아예 새로운 팀을 만드는 상황이었기 때문에 소셜 네트워크 마케터부터 영상 PD까지 한명 한 명 채용을 위해 천 장 이상의 지원서를 검토하고 많은 면접을 보았다. 이러한 경험이 쌓이자 회사가 어떻게 좋은 인재를 선별하는지, 지원자는 회사에 자신을 어떻게 어필해야 하는지에 관한 수많은 인사이트를 얻게 되었다.

경쟁력을 인정받다

그렇게 온라인 쇼핑몰에서 미친 듯이 1년을 보내자 새로운 기회가 또 찾아왔다. 쿠팡 리쿠르트팀에서 제안이 온 것이다. 이커머스 광고 사업의 마케터 자리였다. 신기하게도 첫 직장에서부터 광고 에이전시 그리고 당시 재직 중이던 온라인 쇼핑몰까지, 지금까지 해온 모든 경험을 써먹을 수 있는 역할이었다. 그동안 해온 업무들이 이 포지션을 통해 하나로 연결된다고 느껴질 정도였다. 당시 업계 1위 온라인 쇼핑몰에서 마케팅 총괄 경력을 가지고 있다는 것 자체가 굉장한 경쟁력이 되는 시기였기 때문에 사실 쿠팡뿐만 아니라 여러 기업으로부터 이직 제안을 받고 있었다. 운 좋게도 글로벌 미디어 기업, 쿠팡, 글로벌 패션 기업, 미용 관련 스타트업에 동시에 최종 합격하였고, 어려운 고민 끝에 쿠팡을 선택했다.

처음 통신회사의 경력만 가지고 마케터가 되겠다고 문을 두드렸을 때와는 분위기가 달랐다. 이직 시장에서 필요로 하는 커리어와 도전적인 스토리가 갖춰진 상태에서는 이직 경쟁력이 높다는 것을 실감할 수 있었다. 직장인은 경력이 곧 무기가 될 수 있도록 커리어를 잘 쌓아가야 한다. 나는 남들보다 늦게 시작한 만큼 2배 더 많은 시간과 노력을 투자한 것 자체가 지원서류와 면접에서 풍성한 스토리를 만들어주었다. 그렇게 지금 이커머스 광고 비즈니스에서 또 열심히 하루하루를 보내고 있다.

세 번의 이직,
그 과정에서 얻은 것들

이야기가 다소 길었는데 그동안 어떤 마음으로 이직에 도전하였고, 새로운 업계에 도전하면서 무엇을 느꼈는가에 주목해주면 좋겠다. 이직을 준비하는 같은 직장인들에게 의미가 있으리라 생각한다.

그동안의 이야기를 정리해보면 무모한 도전에도 운 좋게 이직에 성공하였고, 늦게 업계에 발 들인 만큼 죽기 직전까지 노력한 끝에 현재 자리까지 오게 되었다. 다시 하라고 하면 하지 못할 정도로 험난한 여정이었다. 원하는 일을 찾아 도전하고 성취해내는 일이 정말 힘들다는 것을 새삼 깨달았다. 좋아하는 일을 찾아가는 것 자체가 너무나 힘들고, 그 분야에서 인정받기까지 피나는 노력과 인내가 필요하니 말이다. 그렇지만 그 과정을 무사히 겪고 나면 새로운 삶이 펼쳐진다. 나는 지금 너무나도 하고 싶었던 모바일 비즈니스에서 마케팅을 하고 있다. 내 성향과 잘 맞는 기업문화, 업무에만 집중할 수 있는 근무 환경, 배울 점이 많고 열정적인 동료들 그리고 만족스러운 처우까지, 넘치는 행복을 누리고 있다. 지금까지 잘해왔고 시장에서 인정받고 있다는 생각은 업무를 진행할 때 큰 자극과 힘이 된다.

한 가지 아쉬운 점도 있다. 이직을 도전하려고 마음 먹은 시기가 더 빨랐으면 훨씬 좋았을 것이라는 사실이다. 6년 8개월을 한 직장에서 보냈기에 나의 이직 타이밍은 좋지 않았다. 조금만 더 늦었다면 몸이 무거워져 이직하지 못했을 수도 있지만, 더 빨리 새로운 업계에 도전했다면 더 많은 경험을 쌓을 수 있었을 것이다. 물론 첫 번째 회사생활에서도 많은 것을 배웠다. 다만 그 방향이 조금 달랐기 때문에 나의 커리어는 전반전보다는 광고 업계로 뛰어든 이후인 후반전을 강조할 수밖에 없는 것이 사실이다. 그 부분이 이직 경험 중에서 유일하게 아쉽다.

이처럼 이직에 도전하며 많은 것을 얻었지만, 무엇보다도 직장인으로서 이직의 노하우를 터득할 수 있었다. 이것은 덤으로 얻은 수확이다. 지원자로서 이직에 도전하면서 줄곧 어떻게 하면 나의 가치를 더욱 인정받을 수 있을지, 어떻게 해야 뽑는 이들을 사로잡을 수 있을지 고민하였다. 또 관리자로서 수많은 팀원을 뽑으면서 회사는 어떤 관점으로 인재를 선발하는지 자세히 알 수 있었다. 면접관을 놀라게 하는 서류 작성 방법부터 면접 답변 전략까지 내가 터득한 노하우를 이직에 도전하는 이 시대의 직장인들과 나누고자 한다.

잠시 회사를 쉬는 동안 직장인의 이직을 돕는 든든한 지원군으로 활동한 적이 있다. 나의 작은 노력이 한 사람의 인생을 바꿀 수 있다는 생각으로 즐겁게 이직 컨설턴트로 활동하였고, 실제로 많은 분들의 인생에 변화를 주기도 했다. 과거의 나처럼 준비도 없이 이직 활동에 뛰어든 막막한 이 시대의 이직러들에게 나의 경험이 도움이 되고, 한 줄기 빛이 될 수 있으리라 확신해본다.

이직을 망설이는
당신에게

"직장인 93%, 이직을 고민한다."

_잡코리아, 2018

위 통계처럼 이직을 고민하지 않는 직장인은 많지 않을 것이다. 특히 업業의 대전환기인 지금 커리어 지도를 어떻게 그려 나가야 할지 모두가 고민이 많은 시기이다. 마음은 누구나 먹지만, 변화를 두려워하는 인간의 특성상 이직을 결정하기는 쉽지 않고, 하루하루 업무를 쳐내다 보면 금세 또 용기가 수그러든다. 이직하면 좋으니 무조건 시도하라고 말하는 것은 맞지 않지만 이직이 직장생활에서 성장의 전환점이자 도약의 기회가 될 수 있다고 말할 이유는 충분하다.

당신의 이직은
무조건 가치 있다

1. 애초에 직무나 기업을 선택할 권리는 없었다

많은 직장인들이 채용시장의 불균형으로 공급이 월등히 부족한 상황에서 원하는 직무와 기업을 선택하지 못했다. 나 또한 1년 반 동안 노력한 끝에 가까스로 뽑아주는 곳에 입사했다. 마케터로 입사하고 싶었지만 치열한 경쟁과 높은 문턱에 좌절하여 사람을 많이 뽑는 영업직군으로 겨우 들어왔다. 그렇기에 자신의 적성에 더 맞고, 더 잘할 수 있는 회사를 찾아 이직하는 것은 가치 있는 도전이며 당연히 해야 하는 시도이다.

2. 업황(비즈니스 환경)은 계속 변화한다

코로나로 인해 기존 비즈니스가 더 빨리 사라지고 문 닫는 회사가 속출하고 있다. 한때 잘나가던 산업이 단기간에 망하기도 한다. 성장하는 비즈니스로 이동할 수 있다면 더 많은 업무 경험과 더 높은 성장을 경험할 수 있고 자신의 시장 가치를 높일 수 있다.

3. 더욱 합당한 보상을 받을 수 있다

직장생활 중에는 나의 기여도를 제대로 인정받기가 쉽지 않다. 평가 시스템도 완벽하지 않고 여러 가지 사적이고 정치적인 요인들이 개입하여 공정하게 평가되지 않는 경우도 있다. 뿐만 아니라 대한민국 2020년 평균

실질 임금 인상률은 2.9%라고 한다. 연봉이 4천만 원일 때 다음 연도에 인상되는 연봉은 120만 원, 월로 따지면 10만 원밖에 오르지 않는 셈이다. 회사마다 차이가 있겠지만 매년 인상 폭을 확인한 후 충분히 만족하는 직장인이 얼마나 될까? 이직을 통해 나의 성과와 시장 가치를 보다 공평하게 인정받을 수 있다.

4. 나의 성향과 더 맞는 기업문화가 있다

많은 직장인이 기업문화에 실망하여 퇴사하기도 한다. 나 역시 그랬다. 신입으로 들어간 첫 직장은 중간 경력자들이 적고, 경력이 10년 이상 된 선배님들이 많아서 소통의 한계를 경험했다. 회사의 실적에 도움이 되는 업무가 아니라 임원의 성과를 보여주기 위한 불필요한 업무도 마음에 들지 않았다. 지금의 회사는 내가 수행하는 일이 조직의 목표 달성에 초점을 두고 있기에 만족스럽다. 기업문화는 소속 직원의 행복을 좌우하기도 한다.

5. 더 멋진 동료들과 함께 일할 수 있다

이직을 통해 많은 동료를 만났고 그들과 일하며 여러 장점을 보고 배울 수 있었다. 회사는 일하는 곳이지만, 같이 일하는 동료 역시 중요하다. 서로에게 자극이 되고 마음이 맞는 동료들과 함께할 수 있는 것은 이직으로 얻은 행복이다.

이처럼 한 직장에 계속 안주했다면 경험하지 못했을 혜택을 이직을 한

후 누릴 수 있었다. 이직을 망설일 필요는 없다. 하지만 막상 실행에 옮기려고 하면 왜 망설여지고, 용기가 나지 않는 것일까? 그것은 지금까지 이직의 방법을 배우거나 깊이 있게 고민해보지 않았기 때문이다.

경력사원에게는 누구나 자신만의 무기가 있다

직장인이라면 누구나 자기 분야에서 다양한 업무를 수행하며 쌓아온 업무 역량이 있다. 이러한 경험과 강점이 곧 자신의 무기가 된다. 경력을 잘 표현하는 것이 낯설고 어색할 수 있지만, 잘 정리하여 효과적으로 어필할 수 있다면 이직은 결코 다른 사람만의 이야기가 아니다. 어색함은 떨쳐버리고 조금이라도 나를 더 어필할 수 있는 스마트하고 전략적인 접근을 취해보자.

그동안 이직을 위해 맨땅에 헤딩하며 차곡차곡 쌓아온 다양한 노하우를 모두 정리해보았다. 전체적인 전략부터 각 단계별 전술까지 모두 담았다. 레시피는 만들어놓았으니 이제 당신의 스토리와 콘텐츠로 멋지게 요리하기만 하면 된다.

'이직은 어려운 것이 아니라 단지 익숙하지 않은 것'이라는 마음으로 자신감과 용기를 가지고 도전하기를 바란다.

세상은 넓고 할 일은 많고 회사도 많다.

2장

당신의 이직은
왜 성공하지 못했나

이직에 대한
직장인들의 착각

하루라도 빨리 이직해야 했던
직장인 K 스토리

직장인 K는 다양한 히트 상품을 보유하고 있는 식품 기업 L사의 전략부
서에서 실력을 인정받고 있었다. 어느 날 L사에서 판매하는 특정 제품의
원료 문제 때문에 소비자 일부가 식중독에 걸리는 사고가 발생한다. 기업
은 미온적 태도로 대응하며 이를 은폐하려 했고, 소비자들은 불매 운동
을 하기 시작했다. 회사 매출은 곤두박질을 쳤고 이는 심각한 경영 악화
로 이어졌다.

결국 구조조정과 희망퇴직이 시작되었고 회사의 위기를 막기 위해 애

쓰던 K도 결국 이직을 결심하게 되었다. 하루라도 빨리 새 회사로 떠나야 하는 상황이었지만, K는 특정 대기업만을 고집하였다. K의 생각과는 달리 준비되지 않은 갑작스러운 이직 활동의 결과는 참담했다. 목표 기업에 서류 전형도 통과하지 못한 것이다. 결국 K는 1년이 지나서야 목표 기업과 차이가 많이 나는 타 신생 식품회사로 겨우 자리를 옮길 수 있었다.

이커머스 판매자가 처음 물건을 판매하며 겪는 일들

2020년 스마트스토어 열풍은 그 열기가 대단했다. 스마트스토어, 쿠팡 등 오픈 마켓에 상품을 올리고 판매하려는 이들이 너무나 많이 몰려들었다.

초보 셀러가 처음 판매를 시작할 때 어떤 일이 발생할까? 누구나 온라인에 상품을 올리기만 하면 많은 유저가 상품 페이지를 방문해서 판매가 일어날 것으로 생각한다. 특히 직접 상품을 제조하는 기업의 경우, 공들여 만든 제품에 대한 자부심과 자신감이 충만하기 때문에 기대를 많이 하게 된다.

하지만 막상 온라인 마켓에 상품을 등록하고 판매를 시작하면, 기대와는 전혀 상반된 현실을 마주하고 크게 실망하는 경우가 많다. 이커머스 시장에서 상품 페이지로 유입된 이후 결제로 이어지는 비율(전환율)이 보통 1~3%라고 이야기한다. 100명이 상품 정보를 확인하였다면 실제 구매하는 사람은 1~3명이라는 이야기이다. 상품마다 차이가 있지만 초보 셀러의 경우 구매 자체가 발생하지 않는 경우도 허다하다. 부푼 기대를 안고 있던 초보 셀러가 좌절감을 맛보는 순간이다.

아무리 좋은 상품을 올려도 상품은 저절로 팔리지 않는다. 1명에게 판매하려면 100명이 상품 페이지로 들어와야 하고, 100명을 상품 페이지로 들어오게 하려면, 10,000명에게 노출해야 한다. 시장에는 수많은 유사 상품이 있고 대체제가 있다. 내 상품은 그중 하나의 선택지에 불과하다. 판매를 일으키고 증대하기 위해서는 다양한 단계에서 많은 노력이 필요하다. 이것이 현실이다.

이직의 관문을
뚫기 힘든 이유

이직도 마찬가지이다. 아무리 스펙이 좋고 역량이 뛰어나도 저절로 이직이 되지 않는다. 시장에는 수많은 경쟁자가 있으니 말이다.

당신이 10번 서류를 넣으면 몇 번이나 면접에 초대될 것 같은가?
당신이 10번 면접을 보면 몇 번이나 합격할 것 같은가?

우리는 화장품 하나를 사더라도 성분부터 가격까지 많은 것을 따진

나. 회사도 마찬가지다. 회사 입장에서 경력직원 채용은 엄청난 투자이기 때문에 신중하게 선택을 해야 한다. 그러므로 경력 채용에는 역량뿐만 아니라 연차, 직급, 나이, 성별, 연봉까지 수많은 변수가 작용한다. 기업은 최종 합격 전까지 지원자를 까다롭게 살펴보며 작은 부분 하나가 맞지 않아도 지원자를 떨어뜨릴 수 있다.

뿐만 아니라 이직은 일반적으로 상대평가이다. 내가 아무리 훌륭해도 나보다 적합한 다른 지원자가 있다면 성공할 수 없다. 이러한 이유로 최종 합격까지 갈 수 있는 확률은 그리 높지 않다. 만약 어떤 지원자의 서류 통과률이 10%, 면접 합격률이 10%라도, 이 사람이 최종 1승을 하기까지 최소 100군데 기업에 지원해야 한다. 이처럼 이직은 본질적으로 신입사원 취업 못지않게 어려운 관문이다.

이직을 하기로
결정한 당신이
마주하는
진짜 현실

이직을 생각하는 직장인 93%, 그렇지만 막상 이직 활동을 하고 성공하는 비율은 얼마나 될까? 아마 실행 단계로조차 넘어가지 못하는 경우가 많을 것이다. 또는 실행하긴 했는데 몇 번의 실패로 결국 이직을 포기하는 경우도 있을 것이다. 실제로 서류 전형을 통과하지 못해 면접의 기회조차 얻지 못하는 수많은 지원자들이 내게 SOS 요청을 보낸다. 막상 서류전형에 붙어서 면접에 초대를 받아도 자기소개에서 어떤 이야기를 해야 할지 막막한 경우도 많다. 이직은 했지만 오랜 시간 많은 시행착오와 실패 끝에 가까스로 성공한 경우가 많다.

이직 컨설턴트로서 그동안 수많은 지원자를 만나면서 자기 역량을 충분히 어필하지 못하는 경력자들을 많이 보았다. 스펙도 좋고 역량도 훌

륭한데 그것을 표현하는 포맷·콘텐츠·커뮤니케이션 등은 전혀 준비가 되어 있지 않은 경우가 많다. 많은 지원자가 일에 대해서는 누구 못지않게 실력자이자 프로나, 자신의 강점이 무엇인지, 그 강점으로 지금까지 어떻게 일해왔고 어떤 작품을 만들어왔는지 표현하지 못한다. 자기만의 스토리를 어떤 방식으로, 어떤 문법으로 전달해야 하는지도 알지 못한다. 단점을 묻는 질문에는 굳이 말하지 않아도 되는 사실을 노출하여 탈락을 자초하기도 한다.

어떻게 보면 이것은 당연한 결과이다. 직장생활 자체가 만만치 않고 여유가 없기 때문이다. 당장 처리해야 하는 일과 싸우는 와중에 이직까지 준비할 여력이 없다. 이직은 당신에게 일 이외의 과업이었을 것이다. 일 자체에 집중하느라 지금까지 해온 일을 회사 밖 다른 사람에게 어떻게 보여줘야 하는지 중요하게 생각하지 않았을 것이다. 이직을 진지하게 고민해보지 않았기 때문에 그 필요성을 몰랐던 것이 당연하다.

막상 이직 활동을 하며 정보를 찾아보면 신입사원 취업만큼 정보가 많지도 않다. 경력사원의 경우 회사와 직무에 따라 상황과 환경이 각기 다르기 때문에 모든 직장인에게 적용되는 전략을 발견하기가 쉽지 않다. 또한 신입사원 채용은 인사담당자나 컨설턴트 등으로부터 정보를 제공받을 수 있지만, 경력직 채용의 경우 지원자와 부서장 등 현업에 있는 실무자 중심으로 진행되기 때문에 정리된 정보가 별로 없는 것이 사실이다.

이직에 도전하는 직장인이 마주하는 순간들

─서류 전형조차 통과하지 못한다.

─어렵게 초대된 면접에서 계속 떨어진다.

─이직에 성공하긴 했지만 너무 긴 기간이 소요됐디.

─더 좋은 조건으로 이직할 수 있었는데 하향 지원했다.

─이직에 성공하긴 했지만 잘못된 선택으로 재이직해야 한다.

직접 시행착오를 겪으면서 오랜 기간 고생하는 방법밖에는 답이 없는 것일까?

3장

성공 이직의 방정식 :
라이언식 이직 테크트리

이직에도 성공하는
지름길이 있다:
라이언식 이직

가장 빠르고 올바른 방향으로
이직하는 방법

주식 투자에도 전략이 있고 게임에도 공략집이 있듯이, 이직에도 올바른 방향을 잡아주고, 성공률을 높여주고, 시간과 리소스를 줄여주는 방법이 존재한다. 그것이 바로 라이언식 이직이다. 라이언식 이직은 효과적인 전략을 통해 가장 빠르고 올바른 방향으로, 가장 좋은 조건으로 이직에 성공할 수 있는 지름길이다.

이직이 당신 뜻대로 되지 않고 장기화되고 있다면, 이는 당신이 초보 이직러이기 때문이다. 초보의 이직은 즉흥적이고 소모적이고 일반적이다.

라이언식 이직 전략은 체계적이고 효율적이며 차별적이다. 직장인으로서 수많은 기업에 도전한 끝에, 회사의 관리자로서 수많은 채용 과정을 경험한 끝에 완성해낸 이직 전략이다. 이직 컨설턴트로서 수많은 직장인을 이 지름길로 안내하여 성공적인 이직을 현실로 만들었다. 이처럼 라이언식 이직은 확실히 검증된 길이다. 이직을 원하는 누구라도 라이언식 이직 전략을 실행하면 빠르고 확실하게, 최대한 좋은 조건으로 해피엔딩을 만날 수 있다.

초보의 이직과 라이언식 이직, 9가지 차이점

1. 초보의 이직은 전혀 대비가 되어 있지 않은 상태에서 갑자기 이직 준비를 시작한다. 라이언식 이직은 어떤 위기의 순간이 오더라도 즉각적인 이직 모드로 전환이 가능하다.

2. 초보의 이직은 목표가 그때그때 바뀌고 불분명하다. 라이언식 이직은 명확한 목표 리스트가 존재한다.(타깃 기업, 타깃 직무, 타깃 일정)

3. 초보의 이직은 기업 하나하나에 순차적으로 지원한다. 라이언식 이직은 타깃 조건에 부합하는 다수의 기업에 동시 지원한다.

4. 초보의 이직은 조력자 없이 홀로 이직에 도전한다. 라이언식 이직은 당신이 일을 하는 동안, 심지어 자고 있는 동안에도 조력자가 당신의 이

직을 위해 일한다.

5. 초보의 이직은 자신이 나서기 전까지는 이직 제안을 받지 못한다. 라이언식 이직은 주 2~3회 주기적으로 이직 제안을 받는다. 항상 당신에게 노그하는 기업이 존재한다.

6. 초보의 이직은 면접의 기회조차 얻기가 힘들다. 라이언식 이직은 다수의 면접 기회를 확보하여 경험치를 높인다.

7. 초보의 이직은 선택의 기회가 없거나 선택의 폭이 좁다. 라이언식 이직은 복수의 기업에 동시 합격하여 최대한 많은 선택지를 확보한다.

8. 초보의 이직은 기업의 요구를 일방적으로 수용한다. 라이언식 이직은 협상력을 기반으로 기업에 희망 조건을 제시한다.

9. 무엇보다도 초보의 이직은 최종 합격까지 많은 시간이 소요되거나 최종 합격에 실패한다. 라이언식 이직은 1개월, 빠르면 일주일 안에도 최종 합격에 성공한다.

당신이 라이언식 이직을
알아야 하는 이유

1. 시간

직장인이 이직을 결심하게 되는 이유는 2가지이다. 하나는 비자발적인 동기이다. 회사의 폐업, 구조조정, 부당해고 등 긴급 상황이 발생해 하루라도 빨리 이직을 해야 하는 경우이다. 또 다른 하나는 회사에 대한 불만이 수용 한계를 벗어났거나, 더 나은 조건을 찾아 자발적으로 이직을 결심한 경우이다. 업무, 인간관계, 진급, 처우, 기업문화 등 불만족의 요인은 매우 다양하며 개인마다 차이가 있을 수 있다. 긴급 상황은 아니더라도 이직을 결심했다는 것은 더 이상 수용할 수 없는 요소가 발생했거나 회사에 정이 떨어졌다는 이야기다. 본인이 하고 싶은 일이 분명히 있지만 그 일을 현재 회사에서 할 수 없는 상황 또한 두 번째 경우에 해당한다.

현재 회사에 이미 마음이 떠났는데 행복할 수 있을까? 직장인에게 시간은 곧 돈이다. 이직 준비 기간이 길어지면 개인에게도 회사에도 좋을 것이 없다. 소모적인 시간만 이어질 뿐이다. 이직을 결심했다면, 가능하면 빠르게 새로운 기회를 확보하는 것이 좋다. 라이언식 이직의 가장 큰 특징 중 하나가 바로 스피드이다. 각 단계마다 전략이 있기 때문에 이직에 성공할 확률이 높고 이직 기간은 최대로 단축된다.

2. 방향

무조건 빠른 이직만이 정답은 아니다. 빠른 이직도 좋지만 무엇보다도 올바른 방향과 목표 설정이 가장 중요하다. 명확한 목표 설정 없이, 즉 이직하고자 하는 업계와 직무에 대한 우선순위 없이 무작정 뛰어들면 곤란하다. 최종 합격 시 현재 기업과 비교하여 손익을 제대로 계산하지 않으면 이직이 도리어 커리어 상승이 아닌 후퇴로 이어질 수 있다. 한 번 나온 회사에 다시 들어갈 수 없다. 명확한 분석과 진지한 고민 없이 이직을 결정한 경우, 새 회사로 옮긴 지 얼마 되지 않아 다시 이직에 도전해야 하는 상황 또한 발생할 수 있다. 최선의 선택을 내리고 실패를 피하려면 철저한 분석과 명확한 목표 설정이 중요하다. 라이언식 이직은 이 부분에서 경력 시원자의 리스그를 줄여준다.

3. 리소스

이직이 어려운 이유는 다양하지만, 현직자의 경우 바쁜 업무 스케줄이 주요 원인이 될 수 있다. 하루하루 쳐내야 하는 과업과 시름하고 나면 녹초가 되기 십상이다. 이직을 위해 쏟을 힘이 더 남아 있지 않을 수 있다. 야근과 주말 출근이 빈번하다면 또는 직장생활뿐만 아니라 육아 등 가정에서 또 다른 역할을 맡고 있다면 더욱 여유가 없을 것이다. 따라서 이직에 투자하는 리소스를 최소화하면서도 퍼포먼스를 높이는 전략이 필요하다. 라이언식 이직은 한 번 잘 짜놓은 콘텐츠를 활용하여 단기간 내 최대 노출을 확보한다. 실시간으로 낚싯대를 잡고 있는 방식이 아니다. 물수밖에 없는 미끼를 투망에 넣어두고 물고기를 유인하는 방식이다. 라이언식 이직은 가장 효율적인 리소스 활용을 제안한다.

코로나 시대의 생존 기술,
라이언식 이직

안정적인 직장생활 중에도 누구에게나 한순간에 쓰나미가 밀려올 수 있다. 코로나가 우리 사회의 모습을 크게 바꿔놓았고, 직장에서도 예전과 다른 많은 일들이 벌어지고 있다. 만족스러운 처우와 업무환경에서 성과를 인정받고 있는 사람도 갑작스러운 풍랑을 만날 수 있다.

사례1

회사의 경영난이 시작되었고, 결국 회사는 희망퇴직을 받기 시작했습니다. 불과 3개월 만에 직원 수가 50% 이상 감소하였습니다.

사례2

예고도 없이, 어느 날 갑자기 상사가 회의실로 미팅을 요청하더니 퇴사를 권유하였습니다. 실적 부진이 이유였으나 받아들일 수 없었습니다. 고용 계약을 통해 일방적으로 해고를 통보하진 않았으나, 어쩔 수 없이 나가야 하는 상황이 되어버렸습니다.

사례3

새로 온 팀장의 의견에 다른 의견을 제시하였습니다. 기존 담당자의 입장에서 회사가 이익을 얻는 방향으로 의견을 이야기했을 뿐인데, 그때부터 업무

보복이 시작되었습니다. 중요 업무에서 계속 배제되었고 평가에서도 가장 낮은 점수를 받았습니다. 직장 내 괴롭힘 때문에 회사생활은 한순간에 지옥으로 변했고, 정신과 상담을 받고 있습니다.

사례4

신규사업팀에서 새 프로젝트가 완성될 시점에 팀 해체를 통보받았습니다. 신규사업을 후원하던 임원이 갑자기 보임 해제되어 라이벌 임원의 보복으로 프로젝트의 진행 상황을 고려하지 않은 일방적인 조직개편이 실시되었습니다. 그동안 프로젝트 성공을 위해 밤샘 작업을 할 정도로 열정은 쏟은 터라 너무나 큰 상실감과 분노가 밀려왔습니다.

불확실성의 시대에서 나를 지켜주는 라이언식 이직

위 사례들은 실제 주변에서 벌어지고 있는 현실이다. 원래도 직장생활에는 다양한 변수와 위협이 존재했지만 코로나로 인해 그 변수가 더욱 커져 버렸다. 나와는 동떨어진 이야기로 들릴 수 있지만, 시련은 누구에게나 갑자기 찾아올 수 있다. 하루라도 빨리 이직해야 하는 위기 상황이 당신에게도 발생할 수 있는 것이다. 그때는 미리 준비된 사람만이 위기를 잘 넘기고 기회로 바꿀 수 있다. 라이언식 이직은 최단기간 내에 이직에 성공하는 방법으로, 불확실성의 시대에 나와 내 가정을 지켜주는 생존 기술이 되어준다.

이직은
마케팅이다

라이언식 이직의 핵심은
'마케팅'

이직을 이야기하는데 왜 마케팅이 튀어나올까 의아할 수 있다. 하지만 마케팅과 이직을 비교해보면 이 두 미션이 얼마나 유사한지 확인할 수 있다. 나의 본업은 마케터이다. 지금까지 어떻게 하면 상품을 더 효과적으로 노출하고 타깃 고객의 흥미를 얻고 구매까지 이끌어낼 수 있을지, 그 방법을 연구하고 실행해왔다.

이직 또한 인력 시장에서 '나'라는 인적자산을 수요자(기업)에게 셀링하는 활동이다. 이 자체가 곧 마케팅이다. 상품이나 서비스가 '나'로 바뀌었을 뿐이다. 나와 비슷한 수많은 경쟁자가 시장에 존재한다는 점 또한 동일하다. 마케팅에는 상품 판매를 위한 수많은 이론과 테크닉이 존재한다. 이 방법을 이직에 그대로 적용하면 엄청난 효과가 있다는 것을 스스로 이직에 도전하며 확인할 수 있었다.

마케팅의 핵심 원리

상품의 특징을 잘 정리한 후, 최대한 많은 타깃에게 노출하여 흥미와 관심을 이끌어내고, 상세페이지의 더 자세한 정보로 소비자를 설득하여 결국 구매를 만들어낸다.

마케팅의 원리를 적용한 이직의 원리

나의 경험과 역량을 잘 정리한 후 최대한 많은 타깃 기업의 담당자에게 노출하여 면접에 초대받고, 면접에서 그들을 설득하여, 결국 채용에 성공한다.

이직에서 마케팅적 사고가
중요한 이유

이직을 하면서 왜 마케팅을 이해해야 할까? 이직 시장의 트렌드와 채용 기업의 입장을 파악해보면 쉽게 답을 찾을 수 있다.

과거와 달라진 이직 시장의 새로운 트렌드

① 대세가 된 비대면 채용

코로나19 초기에는 비대면 방식과 대면 방식을 동시에 진행하는 경우가 많았으나, 코로나19가 장기화됨에 따라 비대면 방식이 대세가 되었다. 비대면 면접에 익숙해지고 효율을 체감하게 되면서 대면 면접 이전에 전화 면접이나 화상 면접을 먼저 진행하는 기업이 많아졌다.

* 코로나19 확산 이후 비대면 채용 전형을 도입한 기업은 67%, 그중 대기업은 80.4%로 조사된다. (2021.9/잡코리아)

② 공채에서 수시 채용으로

신입사원 채용과 마찬가지로 경력직원 채용 역시 공개 채용이 아닌 수시 채용 방식을 선호하는 분위기이다. 공채는 인사팀이 채용 시기와 방식을 일정하게 정해놓는 반면, 수시 채용은 부서별로 필요한 인력을 자유롭게 선발한다. 기업들은 수시 채용으로 급변하는 기업 환경에 적응하고 있다. 지원자 입장에서 불시에 올라오는 공고를 일일이 확인하여 지원해야 하는 어려움이 점점 커지고 있는 셈이다.

* 매출 500대 기업 중 80.3%가 경력직을 수시 채용으로 선발하고 있다.
(2021.6/한국고용정보원)

③ 다양해진 채용 플랫폼

이직 시장이 커짐에 따라 경력 채용 관련 서비스를 제공하는 플랫폼 또한 계속해서 늘어나는 추세이다. 기존에는 잡코리아 등의 채용 포털만 이용하면 채용공고를 대부분 커버할 수 있었지만 점차 기업과 구직자를 이어주는 플랫폼이 다양해지고 있다. 최근에는 블라인드나 리멤버와 같이 업계 간 소통, 명함 관리 등의 서비스를 제공하던 직장인 커뮤니티 앱에서도 이직 관련 서비스를 추가하고 있다. 지원자 입장에서는 다양한 서비스를 활용할 수 있다는 이점이 있지만, 관리해야 하는 플랫폼 또한 늘어났다고 볼 수 있다.

④ 지원 절차 간소화

기업에서도 더 많은 지원자가 최대한 쉽게 지원할 수 있는 방법을 고민하고 있다. 그 일환으로 간편 지원을 허용하는 회사가 늘고 있다. 간편 지원은 회사가 지정한 지원서 양식이 아닌 지원자가 각자 사용하는 자유 양식을 통해 지원하는 방식이다. 채용 플랫폼에 온라인 지원서류를 입력해 놓았거나 PDF 형식의 지원서 파일이 있는 경우, 클릭 한 번으로 입사지원이 가능하다.

위와 같은 이직 트렌드를 종합해보면 이직 시장 또한 마케팅과 마찬가지로 효율화되고 파편화되고 있다는 것을 알 수 있다. 이직을 희망하는 사람이면 누구나 쉽게 타깃 기업의 문을 두드리고, 다양한 채널을 효과적으로 활용할 수 있어야 한다. 이러한 변화를 기회로 만드는 전략이 필요하다.

뽑는 사람의 입장에서 생각해보기

경력직 채용은 인사담당자가 아닌 현업 부서가 주체가 되어 진행한다. 인사담당자는 채용 절차 등 시스템을 만들고 채용 프로세스를 진행하는 역할에 가깝다. 결국 회사에 경력자 충원을 요청하고 채용을 주도하는 사람은 주로 현업부서의 팀장일 것이다. 따라서 채용의 키맨인 팀장의 입장을 생각해볼 필요가 있다.

먼저 대부분의 팀장은 너무 바빠서 정신이 없다. 책임져야 하는 업무 범위가 넓고 관리해야 할 인력이 많기 때문이다. 회사에서 성과 달성을 위해 가장 먼저 푸시하는 직원도 팀장이고, 채용 또한 팀장의 책임이자 능력이라 생각하는 대표들도 있다. 업무는 바쁜데 채용에 들어가는 리소스도 만만치 않다. 예전 회사에서 팀장으로 일했을 때 쌓여 있는 입사지원서를 확인하는 것이 데일리 업무였다. 면접은 일주일에 2번 이상 진행했는데, 회사 내 채용담당자가 한 명밖에 없어서 지원자에게 일일이 연락하여 면접 일정을 잡기도 했다. 팀장은 기본적으로 바쁘다. 채용은 중요하지만 많은 업무 중 일부분일 뿐이고, 주로 야근을 하며 서류를 검토할 때가 많다. 서류를 자세히 검토할 시간도 부족해서 바쁜 시즌에는 지원서류를 읽지도 못하고 면접에 들어가기도 한다.

두 번째로 팀장은 한 포지션의 채용공고를 올릴 때 양적으로 많은 지원서를 받게 된다. 특히 인지도가 있거나 회사 브랜딩이 잘되어 있는 곳, 업계에서 인정받는 기업이라면 감당하기 힘들 정도로 많은 지원서류를 검토해야 한다. 대부분의 지원서는 신기하게도 양식이나 내용이 대동소이하다. 모 스타트업에서는 연간 수천 부의 지원서를 받는데 지원서 한 부를 검토하는 시간은 5초라고 한다.

세 번째로, 팀장은 팀에게 내려진 목표(KPI)를 달성해야 하는 책임이 있다. 팀장은 그 목표를 달성하기 위해 경력자를 영입하는 것이다. 팀장은 회사로부터 성과에 대한 엄청난 압박을 받는다. 그러므로 면접을 진행할 때 이 사람이 팀 매출을 올릴 수 있을지, 팀의 문제를 해결할 수 있을지 생각하게 된다.

'이 사람을 데려오면 우리가 그동안 해결하지 못한 과업을 수행할 수 있을까?'

'우리가 그동안 머리를 싸매고 고민해온 이슈를 해결할 수 있을까?'

'매출을 높일 수 있을까?'

위와 같이 경력직 채용의 키맨인 소속 팀장의 입장을 고려해보면, 이직자의 입장에서 여러 가지 인사이트를 얻을 수 있다. 수많은 경쟁자 가운데 **아주 짧은 시간 내에 관심을 얻어야 하며, 면접에서는 팀장이 고민하는 문제를 해결할 솔루션을 제시하고 자기 역량을 증명해야 한다는**

인사이트를 말이다. 이 부분이 마케터가 고객을 대상으로 하는 고민과 일치하는 부분이라고 할 수 있다.

이직을 준비하는 순간부터
마케터의 마음으로

이제 이직에서 마케팅적 사고가 왜 중요한지 이해되었을 것이다. 마케팅적 사고를 하려면 인식의 전환이 필요하다. 하지만 인식의 전환만으로는 충분하지 않다. 이직 자체가 그냥 마케팅이다. 이직을 결심한 모두가 시장에서 상품을 셀링하는 마케터가 된다. 바로 '나'라는 상품으로 말이다. 경력사원 채용은 온라인으로 서류 전형을 실시하고, 오프라인으로 면접을 본다. 그러므로 당신은 온라인과 오프라인을 병행하는 마케터가 되는 셈이다. 마케터 직군이 아니고서 상품을 마케팅하고 셀링까지 해보는 경험을 하기는 쉽지 않다. 이직의 전체 프로세스를 잘 설계하여 최종 합격까지 성공하는 과정에서 당신은 마케팅을 경험하게 될 것이다. 세상을 마케팅적 관점으로 바라볼 수 있는 새로운 프레임을 갖게 될 것이다. 분명당신의 인생에서 굉장히 짜릿하고 의미 있고 생산적인 인풋이 될 것이라 확신한다.

상품 마케팅보다
이직 마케팅이 유리한 점

갑자기 '당신은 마케터이다'라는 말을 들으니 지레 겁이 날 수 있다. 마케팅 경험이 없더라도 겁먹을 필요가 없다. 상품 판매를 위한 마케팅보다 이직 마케팅이 유리한 점이 많기 때문이다.

첫째, 이직 마케팅은 노출 비용이 들지 않는다. 일반적으로 마케팅에서는 고객 한 명에게 내 제품을 노출하는 데 비용이 발생한다. 하지만 이직 마케팅에서는 타깃 고객을 만나는 데 비용이 들지 않는다.

둘째, 고객 또한 매우 적극적이다. 좋은 인재를 뽑기 위해 기업은 매우 적극적인 태도로 많은 투자를 하며 자신들의 니즈가 무엇인지 상세하게 알려준다.

셋째, 1승만 하면 된다. 상품 판매의 경우 수많은 고객의 선택을 받아야 하지만 이직 마케팅은 단 한 번만 성공해도 최소한의 목표를 달성할 수 있다.

넷째, 이직을 마케팅으로 접근하는 경쟁자가 많지 않다. 마케터들조차 담당하는 상품과 서비스는 잘 마케팅해도 자기 자신을 상품화하여 이직하는 데에는 관심이 없다. 대부분의 사람이 이직을 마케팅 관점에서 시도하지 않기 때문에 마케팅으로 접근하는 지원자는 그만큼 다른 경쟁자보다 유리하다.

이직이라는
'마케팅'을
실행하는 법
: 라이언식
이직 테크트리

'이직에서 마케팅적 사고가 중요하고, 이직이 곧 마케팅이라는 것까지는 알겠는데, 이직이라는 마케팅을 어떻게 실행할 수 있을까? 나는 마케팅 근처에도 가본 적이 없는데?'

이런 질문은 자연스럽다. 그렇지만 걱정할 필요가 없다. 마케팅을 실행하기 위한 일련의 프로세스가 있고, 이직 또한 실행을 위한 단계별 프로세스가 있다. 그것이 바로 '라이언식 이직 테크트리'이다.

마케팅에는 구매를 이끌어내기 위한 일련의 과정, 즉 프로세스가 존재한다. 즉흥적으로 고객 한 명 한 명에게 무조건 상품을 들이대는 것이 아니라 먼저 시장 환경과 제품, 고객을 분석한다. 이를 통해 잘 팔릴 수밖에 없는 시스템을 미리 설계하고 그 시스템으로 한 단계 한 단계씩 고객을 유도하여 최종적으로 원하는 결과를 창출하는 것이다. 이 프로세스를 이해한다면 어떤 스텝으로 이직을 준비하고 실행해야 하는지 감을 잡을 수 있다. 먼저 마케팅에서 상품 판매를 위해 어떤 시스템을 설계하는지 살펴보자.

잘 팔리는
마케팅 시스템 구축 4단계

1단계. 명확한 타깃 설정하기

수많은 고객 중에서 어떤 고객군을 대상으로 마케팅을 할지 정해야 한다. 마케팅에서 가장 먼저 하는 것은 시장을 세분화하고 정확한 표적 시장을 찾는 것이다. 타깃팅을 정확하게 하지 않으면 자원이 낭비되고 성공 가능성은 줄어든다. 우리 제품에 귀 기울이고 기꺼이 구매할 수 있는 그룹에 집중해야 한다. 시장에는 수많은 고객이 있으므로 그중에서도 진짜 우리 고객이 될 가능성이 있는 그룹을 찾아내고, 이들만을 집중 공략해야 한다.

2단계. 끌리는 상품으로 만들기

살 수밖에 없는 상품으로 만드는 작업이다. 끌리는 상품을 만드는 방법은 2가지다.

하나는 상품력 자체를 높이는 것이다. 여러분이 평소에 구매하는 상품을 생각해보라. 물건을 사는 목적은 다양하겠지만 기존에 없던 새로운 기능을 보여주거나 내가 겪고 있는 불편함을 해결해주는 제품이라면 우리는 기꺼이 지갑을 연다. 상품력은 하루아침에 높아지지 않고 장기적인 노력과 투자가 수반된다.

또 하나는 끌리는 상품으로 보이도록 만드는 것이다. 상품의 가치를 극대화하여 사고 싶게 만드는 콘텐츠를 제작해야 한다. 같은 상품이라도 어떻게 패키징하고 어떤 메시지를 담고, 어떤 이미지와 영상으로 보여주느냐에 따라 구매자에게는 전혀 다른 제품이 된다. 유능한 마케터는 제품을 가리지 않고 어떤 제품이라도 팔릴 수 있도록 만든다.

수많은 제품이 쏟아지는 시장에서 소비자들에게 기억되기 위해서는 '콘셉트'가 필요하다. 콘셉트란 상품이나 서비스가 제공하는 효용가치를 핵심 단어 혹은 문장으로 표현한 것이다. 고객이 원하고 내가 줄 수 있는 가치를 경쟁자와 차별화된 콘셉트로 표현해야 소비자의 눈에 띄고 기억될 수 있다.

정리하자면 제품을 표현하는 콘셉트를 개발하고, 제공 가치를 효과적으로 보여주는 콘텐츠를 만들어야 끌리는 상품이 될 수 있다.

3단계. 최대한 많은 타깃 고객에게 효과적으로 노출하기

상품을 팔릴 만한 컨디션으로 만들었다면 이제 노출을 고민해야 한다. 가장 먼저 고객이 나의 존재를 알아야 하고 내가 줄 수 있는 차별화된 가

치를 인지해야 한다. 마케팅에서는 타깃 고객을 만나기 위해 다양한 채널을 동원한다. 회사 홈페이지 등 자사 채널부터 유튜브·인스타그램·네이버 블로그·카페 등 외부 미디어까지 모든 채널을 동원하여 노출을 극대화하고사 한다. 타깃 고객을 만나려면 많은 비용이 들어간다. 따라서 판매자는 마케팅 예산을 최대한 효율적으로 사용하기 위해 여러 채널 가운데 비용 대비 성과가 높은 채널을 선택한다.

4단계. 고객을 설득하여 최종 구매 이끌어내기

고객에게 상품이 노출되어 상품 페이지로 유입되었다면 이제 잘 짜인 제품 정보로 설득하여 최종 구매를 이끌어내야 한다. 상품의 콘셉트와 콘텐츠에 흥미를 느낀 고객이라면 더 자세한 정보를 확인하기 위해 클릭을 하고 상품 페이지로 들어올 것이다. 여기까지 오면 반은 성공이지만, 결제까지 가기 위해서는 많은 노력이 필요하다. 고객의 이탈을 줄이려면 ① 내가 줄 수 있는 것은 무엇이고 ② 그것이 왜 필요하고 ③ 나를 선택하면 어떻게 되는지, 그 근거는 무엇인지를 효과적으로 전달해야 한다. 제품 사용 영상부터 사용 후기까지 다양한 정보를 제공하여 고객에게 확신을 주고 최종 결정을 내릴 수 있도록 카운터펀치를 날려야 한다.

뿐만 아니라 이 제품을 사용한 사람들이 어떤 결과를 얻게 되었는지 데이터를 제시해야 한다. 고객이 구매를 망설이고 걱정하고 있는 부분, 즉 구매 방해 요소 또한 적극적으로 제거해야 한다.

뽑을 수밖에 없는 이직 시스템 구축
: 라이언식 이직 테크트리

1단계. 명확한 타깃 설정하기

마케팅에서 정확한 표적 시장을 찾는 것이 중요하듯, **이직에서도 목표를 명확히 할수록 성공률이 높아진다.** 목표가 명확하면 무엇을 강조해야 할지 확실해지기 때문이다. 전체 시장을 세분화하여 자신의 상황에 맞는 타깃 그룹을 선정해야 한다. 가장 쉽게는 현재 하고 있는 일을 그대로 이어서 할 수 있는 타 회사를 선택할 수 있다. 하는 일은 같으나 산업이 달라질 수도 있고 심지어는 완전히 새로운 일에 도전할 수도 있다. 업계와 직무 그리고 회사까지, 이직 목표를 명확히 잡고 구체적으로 리스트업해야 한다. 또한 기약 없는 시도보다는 3개월, 6개월, 1년 등 이직에 걸리는 기간까지 분명하게 설정하는 것이 좋다.

2단계. 끌리는 지원자로 만들기

면접에 초대할 수밖에 없고 뽑을 수밖에 없는 지원자로 만드는 작업이 두 번째 단계이다. 마케팅과 마찬가지로 이 작업 역시 2가지로 구분된다.

하나는 지원자로서 경쟁력을 높이는 것이다. 마케팅에서 상품력이 가장 기본이 되어야 하듯, 이직에도 지원자의 자질(역량+태도)이 가장 중요하다. 지원 기업에서 제시한 요구사항을 많이 확보할수록 합격 가능성이 커진다.

빠르게 성장 중인 신규 비즈니스를 경험해보았거나 관련 역량 및 기술을 보유하고 있다면, 시장에서 희소가치를 인정받을 수 있고 높은 몸값을 제안받을 수 있다. 몇 년 전부터 기업들의 '개발자 모시기'가 계속되고 있나. 영어 소통이 가능한 개발사의 경우 시장에서 최고 내우를 받고 스카우트되기도 한다. 또한 몇 년 전부터 모든 기업들이 메타버스 환경으로 뛰어들고 있는 만큼 메타버스 기획자와 3D 제작 기술 보유자도 많은 기업에서 러브콜을 받고 있다. 이처럼 장기적인 관점에서 시장 상황에 맞게 기업에서 요구하는 역량을 가질 수 있도록 꾸준히 노력하는 것이 필요하다. 그에 따라 지원자의 몸값이 달라지고 시장에서 받는 대우 또한 달라지기 때문이다. 물론 이러한 새로운 기술이 없더라도 기업이 겪는 기존의 문제를 잘 해결할 수 있는 지원자라면 충분히 이직에 성공할 수 있다.

두 번째는 끌리는 지원자로 보이도록 만드는 것이다. 시장에는 나와 동일한 직무를 수행하고 있는 많은 경쟁자가 존재한다. 따라서 채용 담당자가 그냥 넘어갈 수 없는, 꼭 한번 얼굴을 보고 싶게 만드는 콘텐츠가 필요하다. 그 콘텐츠는 이력서, 경력기술서, 자기소개서, 포트폴리오다. 이러한 4가지 지원서류는 나를 브랜딩할 수 있는 마케팅 콘텐츠가 되어준다. 자질을 높이는 장기 미션과 달리 지원서류 차별화 작업은 단기간에, 하루만에도 가능하다.

나는 새로 팀을 꾸릴 때 천 명 이상의 지원서를 읽어보았지만, 대부분의 지원서가 양식이 동일해서 어떤 지원자의 것도 특별하게 눈에 들어오지 않았다. 지원서류는 반드시 차별화가 필요하다. 화려하게 꾸미거나 완전히 새로운 양식을 만들 필요도 없다. 기존 형식에서 약간만 차별화를 주어도 면접에 초대받는 지원서류를 만들 수 있다. 중요한 것은 지원 기업이 요구하는 역량과 내가 보유하고 있는 직무 강점이 한눈에 들어와야 한다는 것이다. 또한 지원자가 제공할 수 있는 가치를 임팩트 있는 콘셉트로 표현해야 한다. 그렇게 하면 수많은 지원서를 짧게 훑어보는 지원 기업의 담당자를 단번에 사로잡을 수 있다.

3단계. 최대한 많은 타깃 기업에 노출하기

지원 기업의 담당자에게 한번 만나보고 싶은 지원자로 보일 수 있는 지원서류를 완성하였다면, 이제 그들에게 다가가야 한다. 마케터가 활용할 수 있는 모든 채널을 동원하듯 지원자는 **타깃에게 도달할 수 있는 채널을 무조건 활용해야 한다.**

앞서 이직의 트렌드에서 살펴본 바와 같이 경력 지원자와 회사를 연결해주는 수많은 서비스가 생겨나고 있다. 마케터가 쿠팡, 지마켓, 11번가, 위메프 등 모든 채널에 상품을 등록하듯, 지원자도 잡코리아 같은 채용 포털 사이트부터 원티드 등 채용 플랫폼까지 가능한 모든 채널에 지원자 정보를 등록해야 한다. 비용을 들이지 않고도 등록한 정보를 통해 나를 필요로 하는 기업에게 오퍼를 받을 수 있다. 만약 이러한 채널에서 타깃 기업의 채용공고를 확인하게 되면 즉시, 빠르게 지원서를 넣어야 한다.

타깃 노출을 높이는 또 다른 방법이 있다. 바로 이직 시장의 조력자인 '헤드헌터' 채널을 활용하는 것이다. 헤드헌터를 채널로 표현한 이유는 최대한 많은 헤드헌터에게 연결될 때 양질의 노출 기회를 많이 확보할 수 있기 때문이다. 헤드헌터는 내가 지원 기업을 찾기 전에, 지원 기업을 대신하여 채용 정보를 전달해준다.

4단계. 면접관을 설득하여 최종 합격하기

수많은 타깃 기업에 나의 지원서류를 전달했다면 이제 면접 초대장을 기다려야 한다. 처음 이직에 도전하는 경우 면접 초대장을 받기까지 많은 실패를 경험할 수 있다. 서류 전형에 통과하는 것 자체가 쉽지 않다. 그렇게 몇 번의 실패가 이어지고 자신감이 떨어질 무렵, 갑자기 면접 초대장이 날아올 수 있다.

면접에 초대되었다는 것은 채용담당자가 당신의 직무 적합도를 어느 정도 인정했다는 의미이다. 면접에 가면 지원서류를 통해 확인한 1차 정보를 토대로 나의 역량과 태도를 검증하는 수많은 질문이 이어진다.

'이 일을 왜 하고 싶은지'

'이 일을 왜 잘할 수 있는지'

'내가 이 일을 하면 어떤 결과를 얻을 수 있는지'

명확한 근거를 통해 논리적으로 설득해야 한다. **회사가 나에게 투자하면 회사의 이슈와 문제를 해결할 수 있다는 확신을 심어주어야 한다.**

경력직 채용에서 완벽한 지원자는 있을 수 없다. 지원 기업 담당자가 우려하는 부분은 반드시 있기 마련이다. 따라서 그들이 채용을 망설이고 걱정하는 부분, 즉 채용 방해 요소를 제거해야 한다. 나의 부족한 부분을 미리 생각해보고 이를 적극적으로 방어해야 한다.

상세페이지로 유입된 고객에게 마케터는 철저히 설계된 메시지를 전달한다. 이처럼 면접관들이 궁금해할 내용을 예측하여 철저하게 설계된 메시지를 자연스럽게 전달하는 것이 이 스텝에서는 중요하다.

라이언식 이직 테크트리의 5가지 전략

마케팅	이직	전략
타깃 설정	타깃 설정	← 목표 설정 전략
콘텐츠 준비	서류 준비	← 서류 작성 전략
노출	서류 전형	← 어플라이 전략
유입	면접 전형	← 잡 인터뷰 전략
구매 전환	채용 확정	← 최종 결정 전략

잘 팔릴 수밖에 없는 마케팅 원리와 이를 어떻게 이직에 적용할 수 있는지 살펴보았다. 위에서 설명한 내용을 정리하면 위 도표와 같다.

다음 장부터는 각 단계별로 나만의 이직 테크트리를 구축할 수 있는 구체적인 실행 방안을 다루고자 한다.

라이언식 이직 테크트리
: 액션 플랜

라이언식
이직 테크트리

3 Domains   4 Documents   6 Channels   23 Questions

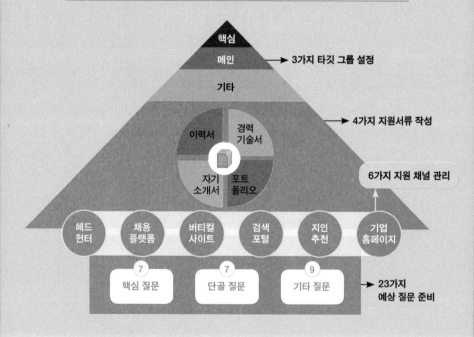

핵심
메인 ➡ 3가지 타깃 그룹 설정
기타

이력서 경력기술서 자기소개서 포트폴리오 ➡ 4가지 지원서류 작성

6가지 지원 채널 관리

헤드헌터 채용플랫폼 버티컬사이트 검색포털 지인추천 기업홈페이지

7 핵심 질문   7 단골 질문   9 기타 질문 ➡ 23가지 예상 질문 준비

목표 설정 전략

"잘못된 방향으로 노를 젓고 있다면
힘차게 노를 저을 이유가 없다."

-오마에 겐이치

핵심

메인 ⟶ **3 Domains** 3가지 타깃 그룹 설정

기타

전략을 세울 때 가장 먼저 해야 할 일
은 가고자 하는 정확한 방향을 잡는 것이다.
타깃을 설정해야 하는 이유는 모든 기업에 컨택할 수
없기 때문이다. 목표를 명확하게 설정하면 전략이 구체화되
고 이직 가능성은 커지며, 시간과 노력을 아낄 수 있다.

이직은
도피처가 아닌
솔루션

직장인에게 이직은 직장생활 가운데 매우 중요한 순간이다. 득이 되기도 하지만 실이 될 수도 있다. 예전에 함께 근무했던 동료들 가운데 회사를 옮겼다고 소식을 전해오는 경우가 종종 있다. 샘이 날 정도로 업그레이드 이직을 한 사람이 있는가 하면 '왜 그곳에 갔지?'라는 생각이 들 정도로 다운그레이드 이직을 한 사람도 있다. 이직을 통해 놀라운 모습으로 성장하여 긍정적인 효과를 낼 수도 있지만, 현상 유지보다 못한 선택을 내릴 수도 있다. 당신의 이직은 주변 지인들에게 놀라움이 될 수도 있고, 안타까움이 될 수도 있다.

누구나 직장생활을 하다 보면 뛰쳐나가고 싶을 때가 많다.

'어떻게 나한테 이럴 수 있지? 이런 대접을 받으면서 다녀야 할까?'

'정말 저 사람과는 단 1초라도 같은 공간에 있고 싶지 않네'

'내가 1년 동안 죽기 살기로 일했는데 이 정도밖에 인정을 안 해주나?'

'지 사람이 이렇게 나보다 먼저 승진할 수 있지?'

이런 생각이 드는 순간 회사에 마음이 떠난다. 서운함과 분노는 이직 결심으로 이어진다. 직장인이 퇴사를 고려하는 이유는 다양하겠지만 가장 큰 요인은 '보상에 대한 불만', '상사 또는 동료와의 갈등', '업무 불만족'일 것이다. 안타깝게도 마음의 괴로움과 과로가 만나면 목 디스크, 대상포진, 원형탈모 등 건강 악화로 이어지기도 한다.

하지만 '아무리 생각해도 여긴 아니야… 일단 옮기고 보자'라는 마음으로 충동적으로 이직을 준비하면 돌이킬 수 없는 결과를 낳을 수도 있다. 우리는 단순하게 이직이 목표가 아니라 '성공하는 이직'이 목표가 되어야 한다. 그 목표를 위해서는 이직을 결정할 때 최대한 신중해야 하고, 이직 전후의 득실을 철저하게 계산해보아야 한다. 특히 분노의 감정이 자신을 지배하고 있는 상황이라면 시간을 두고 평정심을 되찾은 뒤에 이성적으로 다시 판단해야 한다.

이직은 도피처가 아니라 지원자의 이상과 현실 사이의 갭을 메워줄 솔루션이 되어야 한다. 현재 이직을 도피처로만 생각하고 있진 않은지, 당신의 고민이 이직으로 해결될 수 있는 문제인지 다시 한번 생각해보라. 새로운 회사에 가면 초반에는 회사 생활이 괜찮을 수 있지만 지금의 문제는 언제든 다시 수면으로 올라올 수 있다. 도피처가 아닌 커리어 발전을 위한 이직임을 언제나 잊지 않기를 바란다.

시장을 쪼개
정확하게 지원하기
: Segmentation

마케터는 주력해야 할 타깃 시장을 선정하기 위해 가장 먼저 시장을 쪼개는 '시장 세분화 작업Segmentation'을 한다. 시장을 작게 쪼개면 쪼갤수록 가장 적합한 고객군을 찾을 수 있다. 이와 동일한 목적으로 이직 시장 또한 세분화하여 바라보아야 한다. 세분화한다는 것은 전체를 먼저 바라본다는 의미이기도 하다. 무작정 넣어볼 만한 회사라는 생각으로 그때그때 지원하기보다는 먼저 전체를 바라보고, 그 전체를 쪼개고, 그중에서 타깃을 선정하는 것이 좋다. 그러면 놓치는 기업 없이 나에게 맞는 다수의 기업에 지원할 수 있다.

구체적인 목표 설정을 위해 먼저 비즈니스의 구조를 3가지 단위로 쪼개어보면 다음과 같다.

비즈니스 하이어라키|Hierarchy 파악하기

① 업계Industry: 특정 비즈니스, 산업 구분

예시) 통신, 에너지, IT, 게임, 금융, 자동차, 광고, 식품, 유통, 건설 등

② 회사Company: 특정 업계 안에서 경영 활동을 하고 있는 기업

예시) 정유 회사: SK에너지, GS칼텍스, S오일, 현대오일뱅크

③ 직무Job: 조직 구성원이 회사 내에서 맡고 있는 업무

예시) 재무, 인사, 법무, 생산, 영업, 마케팅, 디자인, 네트워크, 보안 등

이직 시 회사가 변경되는 것은 당연하다. 직무와 업계가 바뀌는지에 따라 시장을 세분화할 수 있다.

직무와 업계로 쪼갠
9가지 이직 시장

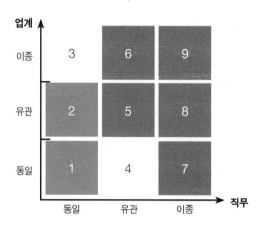

•가로축: 직무 (동일, 유관, 이종) •세로축: 업계 (동일, 유관, 이종)

위 도표와 같이 직무와 업계의 유사 정도를 기준으로 이직 시장을 9가지 영역으로 구분할 수 있다. 1번 영역은 직무와 업계를 유지한 채 회사만 변경하는 경우이다. 같은 업계에 있는 회사이기 때문에 현재 회사의 경쟁사일 가능성이 높다. 업계를 이동할 때 유사 정도를 구분하는 명확한 기준은 정해져 있지 않다. 비즈니스마다, 개인의 해석에 따라 기준은 다를 수 있다. 분명한 것은 이종(위쪽과 우측)으로 갈수록 업무 적합도가 낮아지고, 성과를 낼 수 있는 가능성도 작아진다는 것이다. 합격 가능성 또한 낮아진다.

표적 시장
선정하기
: Targeting

시장을 작은 단위로 구분하였으면 이제 이 중에서 어떤 곳을 공략할지 결정해야 한다. 표적 시장을 선정^{Targeting}할 때 다음 2가지를 생각해야 한다.

① 적정 범위의 타깃을 선정한다

너무 넓은 범위의 타깃을 선정하면 타깃팅을 하는 의미가 없어진다. 그렇다고 너무 좁은 범위의 타깃을 선정하면 선택지가 적어지고 양적인 지원이 어려워진다. 적정 범위의 타깃을 선정하기 위해서는 여러 그룹 중에서 **우선순위를 부여하는 방법을 활용**할 수 있다. 예를 들어 3개의 그룹을 정하고 핵심 타깃, 메인 타깃, 서브 타깃 이렇게 3가지 순서로 우선순위를 부여할 수 있다. 우선순위를 정해놓으면 그에 맞게 리소스를 배분할 수 있어서 좋다.

② 무엇이 중요한 가치인지 생각해본다

누구나 이직을 마음먹게 된 계기가 있을 것이다. **'왜 이직하려고 하는가'**
를 생각해보면, 타깃이 보다 명확해진다.

> '연봉이 너무 낮아서'
> '워라밸이 좋지 않아서'
> '사옥 이전으로 통근 거리가 멀어져서'
> '현재 업무에서 성장가능성을 찾기 어려워서'
> '팀원들과 소통이 어려워서'

이직을 통해 얻으려는 것, 해결하려는 것, 더 나아지려는 것이 무엇인
지 명확하게 파악하면, 내가 가야 하는 방향 또한 명확해질 것이다.

잘하는 일
vs 하고 싶은 일

좋아하는 일과 잘하는 일 중 어떤 것을 선택해야 할까? 성인이라면 누구
나 한 번쯤 고민해봤을 법한 주제이다. 보다 명확하고 신중하게 타깃을

설정하기 위해서 '잘하는 일 vs 좋아하는 일'이라는 고전 주제를 먼저 살펴보자.

> "어떤 분야에서 최고라 하더라도 항상 실패할 가능성이 있다. 이러한 실패를 뛰어넘기 위해서는 그 일을 정말 좋아해야 한다."

테슬라 CEO 일론 머스크는 위와 같이 말하며 '좋아하는 일'을 해야 한다고 조언했다. 유튜브만 찾아봐도 일론 머스크뿐만 아니라 정말 많은 유명인사들이 좋아하는 일을 하는 것이 보다 행복한 길이라 이야기하는 경우가 많다. 좋아하는 일을 하다 보면 누구보다 그 일을 잘하게 된다는 논리를 펼치기도 한다. 충분히 일리가 있는 말이다.

좋아하는 일과 잘하는 일이 일치하면 좋겠지만 그렇지 않은 경우가 많다. 이런 경우 이직에 한해서는 '잘하는 일'을 하는 것이 중요하다고 말하고 싶다. 회사 입장에서 경력직원 채용은 중요한 투자이다. 투자라는 것은 항상 그에 상응하는 성과를 기대한다. 신입직원과 다르게 경력직원은 인건비 또한 높기 때문에 성과에 대한 기대치도 훨씬 높을 수밖에 없다. 그리고 회사는 즉시 업무에 투입될 선수를 원한다. 회사의 목표와 이슈를 해결해줄 인적 자원을 투입하고자 한다. 회사는 외부에 있는 나의 경험과 역량을 산다. 나는 회사의 문제를 해결하고 성과를 내 그들에게 나의 투자 가치를 증명해야 한다.

이직을 하면 처음 잠깐은 적응할 시간을 주기도 하지만 어느 정도 시간이 지나면 냉정한 평가를 받게 된다. 이때 성과로 자신의 가치를 입증하지 못하면 경력입사자의 입지는 좁아지고, 회사와 갈등하게 된다. 경력 직원은 무조건 골을 넣거나, 공격 포인트를 쌓거나, 수비를 하거나, 실점을 막아내야 한다. 비즈니스 세계는 냉정하다. 실력을 보여주지 못하는 순간 직장은 어느 순간 지옥이 되어 있을지도 모른다.

처음 진로를 정하는 사람이거나 신입사원이라면, 좋아하는 일을 찾기 위해 정보를 많이 확보하고 직·간접 경험을 쌓는 것이 매우 필요하다. 좋아하는 일이 잘하는 일이 되려면 시간이 들기 때문에 시작 단계부터 내가 좋아하고 잘 맞는 일을 적극적으로 탐색할 필요가 있다. 또한 기업의 일원이 되지 않고 창업을 하는 경우에도 좋아하는 일을 선택할 수 있다. 사업 성과가 저조하더라도 이를 스스로 책임질 수 있고, 본인 대신 잘하는 사람을 뽑을 수 있기 때문이다. 하지만 회사의 일원으로 합류하였는데 잘해내지 못한다면, 회사는 그 사람을 그대로 보고만 있지는 않을 것이다.

하고 싶은 일을
선택할 순 없을까

불가능하지 않다. 회사생활을 하다 보면 커리어를 확장하고 새로운 도전을 시도하고 싶은 경우가 분명히 있다. 나에게 더 맞는 일, 더 하고 싶은 일을 향해 나가는 것은 굉장히 의미 있고 멋있는 도전이다. 비즈니스 환경은 계속 바뀐다. 트렌드에 따라 갑자기 뜨는 비즈니스가 생기고 유망 직종이 등장한다. 이처럼 새로운 업계와 직무로 옮기는 것은 현명하고 전략적인 선택이 될 수 있다. 다만 도전하기에 앞서 아래 3가지 사항을 숙지해야 한다.

① 직무나 업계가 달라질수록 합격 가능성이 작아진다

내가 하고 싶다고 해서 회사가 나를 뽑아주지는 않는다. 위에서 언급한 대로 경력직 채용은 숙련된 사람, 즉시 투입하여 결과를 만들어낼 수 있는 사람을 선호한다. 관련 경험이 충분한 경쟁 지원자도 많을 수 있다. 기존과 다른, **꼭 하고 싶은 직무가 있어 도전하는 경우라면 자신의 가능성과 매력을 지원 회사에 최대한 어필해야 한다.** 서류 전형부터 면접까지 어려운 관문을 통과해야 그 기회를 얻을 수 있다.

② 새로운 도전에는 그만큼 대가가 따른다

운 좋게 바라던 일을 하게 되었다 하더라도 마냥 웃을 수는 없을 것이다. 합격한 순간 오랫동안 그 일을 해온 수많은 전문가들과 경쟁을 시작해야 하기 때문이다. 낯선 업계와 낯선 회사, 그리고 새로운 일에 적응하기 위해 남들보다 많은 시간을 투자해야 한다. 실력을 인정받으려면 피나는 노력을 해야 할 것이다. 하고 싶은 일에 도전해 성공한다면 엄청난 만족감과 행복이 뒤따를 것이다. 하지만 거기까지 도달하는 과정은 험난한 과정이라는 것을 말해주고 싶다. 좋아하는 일이 잘하는 일이 되기 전까지는 회사에서 받는 대우가 만족스럽지 못할 것이고, 성과에 대한 인센티브 등 보상 또한 예전 같지 않을 것이다. 경쟁력을 확보하기 전까지 노력도 노력이지만, 이러한 환경에서 '존버'하는 것도 정말 쉽지 않다. 그러므로 새로운 분야에 도전하는 경우라면 '한번 해볼까?' 하는 마음이 아닌 **정말 간절하게 이 일이 아니면 안 된다는 생각으로 도전해야 한다.** 또 이 분야에 도전했을 때 내가 잘할 수 있는 가능성이 있는지 꼭 생각해보아야 한다. 좋아하는 일을 한다고 해서 무조건 최고가 될 수 있는 것은 아니다.

③ 단계적으로 천천히 이동하라

하고 싶은 일이 있다고 해서 당장 지금 하고 있는 일을 그만 해야 하는 것은 아니다. 모든 것을 다 갖출 수는 없더라도 가능하다면 핵심 요건을 어느 정도 갖춘 상태에서 이직에 도전하는 것이 좋다. 지향점이 너무 멀리 있다면 이직 자체도 쉽지 않을뿐더러 이직에 성공하더라도 많은 시행착오를 겪어야 한다. 그러므로 최종 목표의 교두보가 될 수 있는 거점을 마련하여 단계적으로 밟아 올라가는 것을 추천한다. **어느 정도 성과를 달성하며 필요한 자격을 계속 획득하다 보면 궁극적으로 원하는 목표를 이룰 수 있을 것이다.**

예를 들어 해외에서 일하는 것이 최종 목표라면 글로벌 기업의 한국 지사에서 먼저 일해보는 것도 방법이다. 뷰티 브랜드 마케터가 되는 것이 최종 목표라면 뷰티 마케팅 전문 대행사에서 경험을 쌓을 수도 있다.

구체적인 타깃
설정하기

본인이 중요하게 생각하는 가치에 맞게 9개의 세분화된 시장에서 우선순위를 선정한다. 각자에게 중요한 가치가 다를 수 있지만 새로운 직무나 업계로 이동하는 상황이 아니라면 아래와 같은 방법으로 타깃을 설정할 수 있다.

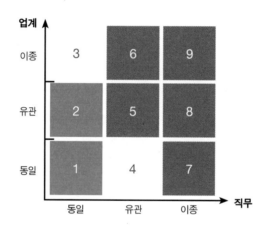

목표 설정 순서: 직무 → 업계 → 회사

① 현재까지 해온 업무와 유사한 직무 2가지 선택

· 1순위: 현재까지 수행해온 직무

· 2순위: 유관 직무

② 지원할 업계 선택

· 1순위: 현재 몸담고 있는 동일 업계

· 2순위: 꼭 도전해보고 싶은 유관 업계

③ 업계 내에 있는 회사 조사

· 모두 목표 기업이 될 수 있음

지원 유형별 합격 가능성

· 1순위: 동일 직무, 동일 업계 기업. 이 경우 현 직장의 경쟁업체일 가능성이 높다. 예) 지마켓 마케터 → 쿠팡 마케터

· 2순위: 동일 직무, 유관 업계 기업. 예) 숙박앱 마케팅 → 이커머스 마케팅

· 3순위: 동일 직무, 이종 업계 기업. 예) 이커머스 마케팅 → 뷰티 마케팅

· 4순위: 동일 업계, 유관 직무 기업. 예) 뷰티 브랜드 마케터 → 뷰티 퍼포먼스 마케터

이직에 있어
'직무'가 가장 중요한 이유

업계와 회사는 유사성이 없지만 직무가 같은 경우는 어떨까? 예를 들어 현대건설 구매 업무와 오뚜기 구매 업무는 어떻게 다를까? 현대건설은 건설업계이고 오뚜기는 식품업계이지만 같은 구매 업무이므로 기본적인

과업과 역할은 유사할 것이다. 건설회사 구매 담당자의 구매 품목은 시멘트, 철근과 같은 건설자재일 것이고 식품회사 구매 담당자의 구매 품목은 밀가루, 설탕과 같은 식품원료일 것이다. 하는 일은 같지만 산업별로 특수화된 부분이 있을 뿐이다. 이처럼 같은 직무를 수행한다는 것은 유사성이 있기 때문에, 동일 업계에서 직무를 바꾸는 것보다는 동일 직무로 업계를 바꾸는 것이 훨씬 합격 가능성이 높다고 할 수 있다. 업계가 다르더라도 업계의 환경과 비즈니스 특수성을 파악하기만 하면 해당 직무를 수행하는 데 무리가 없다고 보는 경우가 많기 때문이다. 물론 유사 업계와 유사 직무로 이직하는 경우가 가장 성공률이 높은 건 당연하다.

현실적인 목표 설정 제안
3 Domains

이직을 준비할 때 가급적 현재 수행하고 있는 직무를 선택하자.

- 핵심 타깃: 동일 업계 + 동일 직무 (1순위)
- 메인 타깃: 유관 업계 + 동일 직무 (2순위)
- 서브 타깃: 3, 4순위도 관심이 있는 경우 무조건 지원

핵심·메인 타깃에 해당하는 기업들을 미리 10~30곳을 리스트업해

둔다.

라이언의 첫 번째, 두 번째 이직 케이스

6순위: 통신회사 신규사업팀(팀원) → 광고회사 모바일기획팀(팀장)
2순위: 광고회사 차이나마케팅팀 → 패션/뷰티 기업 마케팅팀

나의 경우 첫 번째 이직에서 운이 좋게도 합격 가능성이 높지 않았던 6순위 타깃으로 이직에 성공했다. 빨리 이직해야 하는 경우라면 1, 2순위 등 직무를 유지하는 이직을 우선순위로 가져가야 할 것이다. 이 경우 연봉을 높일 수 있는 가능성이 가장 높다. 반대로 6순위의 직무에 지원한다면 연봉 협상은 생각만큼 쉽지 않을 수 있다. 동일 직무가 아니라고 해도 지원자의 강점을 어떻게 어필할지 고민해보는 것이 필요하다.

타깃 기업 선정 시
주의할 점

목표 직무와 업계를 선택한 이후 업계 내에 있는 타깃 기업을 선정할 때 아래와 같은 기준을 체크해보는 것이 좋다.

- 성장하고 있는 비즈니스(업계)인가?
- 지속 가능한 비즈니스 모델이 있는 회사인가?

   (실제 매출/수익을 달성하거나 달성할 가능성이 있는가?)

- 기업에서는 해당 사업을 얼마나 중요하게 바라보고 있는가?
- 내가 들어가서 충분히 성과를 낼 수 있는 회사인가?
- 기업문화, 업무 환경, 연봉, 복리후생, 리더의 역량 등은 어떠한가?
- 회사 위치는 집에서 멀지 않은가?

목표 설정 사례: 라이언의 타깃 기업 리스트

타깃 기업 기준 (직무: 디지털마케팅)

1순위: 독보적인 기술을 보유한 글로벌 기업
2순위: 시장 지배적인 미디어 & 플랫폼 기업
3순위: 혁신적인 스타트업 기업
4순위: 매출 구조가 탄탄한 대기업
5순위: 기타(회사 위치 등 고려)

- **1순위:** 테슬라, 다이슨, 나이키, 아디다스, 아마존, 우버, 스타벅스, 이케아, 세일즈포스, 쿠팡
- **2순위:** 페이스북, 구글, 링크드인, 카카오, 네이버, 라인, 텐센트, 알리바바, 바이두
- **3순위:** 우아한형제들, 토스, 직방, 아고다, 스타일난다
- **4순위:** 아모레퍼시픽, LG생활건강, 면세점, 현대기아차, SKT, LGU+, 우리은행
- **5순위:** 킨텍스, 원마운트, 안다르(거주지 인근 회사)

타깃 일정
설정하기

타깃 업계, 직무, 회사를 선정하는 것과 동시에 타깃 일정을 정하는 것도 중요하다. '나는 올해 상반기 안으로 이직에 성공하겠다' 등의 구체적인 기간 설정이 중요하다. 글로 적어두면 이직 가능성은 더 높아진다.

나는 첫 이직에 도전할 때 3월부터 본격적인 이직 준비를 시작했다. 그때 설정한 목표가 8월 31일이었다. 그 날짜를 방에 있는 칠판에 적어놓고(물론 타깃 기업도 함께 적었다), 이메일 비밀번호에도 0831을 넣어 수시로 나 자신에게 상기시켰다. 정말 놀랍게도 9월 1일부터 새 회사로 출근할 수 있었다.

현재 하고 있는 직무와 유사한 자리로 옮기고자 하는 경우 타깃 일정을 짧게 잡을 수 있다. 하지만 새로운 업계나 직무에 도전하는 경우라면, 이직에 성공하기 위한 무기(관련 역량) 획득 시간을 고려하여 기간을 길게 설정하는 것이 좋다.

데드라인 날짜를 설정하는 것보다 중요한 것은 자신의 상황에 맞는 현실적인 일정을 계획하고, 이를 계속해서 리마인드하는 것이다.

타깃 직무에서 요구하는 자격을
확보하는 방법

채용공고에는 직무를 수행하는 데 필요한 자격이 나와 있다. 타깃 직부와 관련된 채용공고를 10개만 조사해보아도 공통적으로 요구하는 역량과 스킬을 알 수 있을 것이다. 해당 업무를 직접 수행하면서 역량을 쌓는 것이 가장 좋겠지만 현실적으로 쉽지 않은 일이다. 따라서 해당 직무와 관련된 학습, 교육, 자격증 취득 등 모든 방법을 총동원하여 관련 역량을 내 것으로 확보해야 한다. 보완해야 하는 역량의 난이도에 따라 타깃 일정 또한 달라질 수 있다.

어플라이 단계에서
타깃은
조정될 수 있다

목표 기업을 리스트업한 후 실제 지원 단계에 들어가면, 목표 포지션의 채용공고가 올라오지 않는 경우가 많다. 여유가 있다면 천천히 시간을 가지고 기다릴 수 있지만, 빨리 이직해야 하는 상황이라면 준비 기간 동안 목표 기업의 목표 포지션을 만나지 못할 수도 있다. 기업 홈페이지를 찾아갔는데 나와 딱 맞는 포지션이 불과 며칠 전에 종료되었다면 아쉽고 억울하다. 해당 기업과 지원자의 타이밍이 잘 맞아야 최종적으로 인연을 맺을 수 있다.

또한 지원서를 넣다 보면 목표 기업은 아니지만 관련성이 높아 타깃 리스트에 새로 추가되는 기업도 많이 생긴다. 한 업계 안의 모든 기업을 다 알 수 없다. 인지도는 높지 않지만 새롭게 부상하고 있는 스타트업 또는 평소에 잘 몰랐지만 자세히 들여다보니 알짜배기인 기업이 리스트에 새로 추가된다. 앞서 이야기했듯이 양적인 노력 또한 이직 과정에서 아주 중요하다. 애초에 타깃 기업이 아니더라도 타깃 조건을 만족하는 기업이라면 적극적으로 지원해야 한다. 지원을 많이 하고 면접도 많이 보고 기업과 커뮤니케이션을 많이 해봐야 이직의 경험치가 쌓이고 노련해진다. 지원하는 데 비용이 드는 것도 아니니 말이다.

최종 전형까지 통과해야 당락이 결정되므로 최종 결정은 합격한 이후에 생각해도 된다. 심각하게 고민할 필요 없이 가급적 최대한 많은 타깃 기업에 지원해보자. 그것이 최종 합격률을 높이는 방법이니 부담 없이 적극적으로 지원해보자.

서류 작성 전략

"마케팅은 제품의 싸움이 아니다.
인식의 싸움이다."

-알 리스

4 Documents →
4가지 지원서류 작성

이력서 / 경력 기술서 / 자기 소개서 / 포트 폴리오

우리가 사용하는 수많은 소비재들은 대부분 중국에서 온다. 많은 판매자들이 중국에서 제품을 사입하여 국내 시장에 판매한다. 신기한 것은 분명히 같은 제품인데 우리가 네이버 쇼핑이나 쿠팡에서 제품을 구매할 경우 그것을 완전히 다르게 인식한다는 것이다. 여기에서 알 수 있듯이 본질은 중요하지만 그 본질을 어떻게 보여주느냐 또한 매우 중요하다는 걸 알 수 있다. 이 장에서는 '나'라는 본질을 특별하고 효과적으로 보여줄 수 있는 방법에 대해 이야기해보려고 한다.

면접 초대장을 받는
잘 짜인
이직 콘텐츠

온라인 마케팅에서 공격적으로 광고를 집행하기 전에 꼭 해야 하는 일이 있다. 바로 마케팅 콘텐츠를 점검하는 일이다. 마케팅에서는 소비자 한 명을 만나기 위해 일정 비용을 지불해야 한다. 따라서 소비자의 눈을 사로잡기 위해 매우 고민해서 광고 카피와 이미지를 만들고, 클릭을 한 번이라도 더 유도하기 위해 상품 대표 이미지에 굉장히 신경을 쓴다. 이렇게 어렵게 유입된 고객이 한 명이라도 더 결제하려면 상품 상세페이지가 잘 짜여 있어야 한다. 이 같은 콘텐츠 작업을 완료한 이후에 비로소 다양한 채널에 광고비를 집행하기 시작한다.

이직도 마찬가지다. 다양한 타깃 기업에 도달하기 전에 '나'라는 상품을 잘 표현했는지 콘텐츠를 점검해야 한다. 타깃이 원하는 솔루션을 담아 잘 디자인한 콘텐츠를 뿌린다면 타깃 기업은 관심을 갖고 당신에게 면접 초대장을 보낼 것이다.

과거에 나는 마케팅팀을 총괄하면서 수많은 채용을 진행하며 천 장 이상의 지원서를 검토하였다. 하지만 눈에 띄는 지원서류를 만난 적은 단 한 번도 없었다. 모두가 천편일률적인, 채용 포털 사이트에서 제공하는 전형적인 기본 지원서를 쓰고 있었다. 누구 하나 조금 다른 지원서류로 자신을 차별화할 생각을 하지 못하는 상황이었다.

과거에는 기업이 정해놓은 지원서 양식에 입력하는 방식이 대부분이었기 때문에 지원서를 차별화할 방법이 없었다. 하지만 최근에는 지원자의 편의를 고려하여 자유 양식의 지원서를 접수받는 기업이 많아지고 있다. 온라인 양식을 정해놓은 기업 중에도 추가로 파일을 첨부할 수 있게 해둔 곳이 많다. 지원서를 차별화할 기회가 열린 것이다.

대부분의 지원자들이 지원서류를 다른 경쟁자와 차별화할 생각을 하지 못한다. 그렇기 때문에 조금이라도 튀는 지원서류는 특별할 수밖에 없고 기회가 될 수 있다.

지원서류 작성 시
반드시 고려할 것들

---

1. 후킹 포인트

지원 기업의 담당자는 없는 시간을 쥐어짜서 수많은 지원서류를 검토한다. 우리는 담당자가 그냥 지나치지 않도록 순간 멈칫할 수 있는 특별한 포인트를 제시하여야 한다. 유튜브에서는 영상이 시작하고 7초 안에 유저를 사로잡아야 한다고 한다. 7초 안에 유저의 흥미를 이끌어내지 못하면 유저는 다른 영상으로 이탈한다. 그래서 유튜버들은 처음 7초 동안의 이탈을 막기 위한 다양한 기법을 사용한다. 지원서류도 마찬가지다. **짧은 시간 내에 담당자를 사로잡을 수 있어야 한다.** 슬로건, 사진, 색상 등 다양한 요소가 후킹 포인트가 될 수 있다. 후킹 포인트는 호기심을 유발하여 당신에 대해 더 많은 정보를 알고 싶게 만든다.

2. 적합도

나를 기준으로 정보를 나열하는 것이 아니라, 나의 정보 중에서 지원 기업이 원하는 정보를 선별하여 보여줘야 한다. 채용 정보, 특히 모집 요강(Job Description)을 살펴보면 담당 업무, 요구 사항, 우대 사항 등의 정보가 기술되어 있다. 이를 면밀히 파악한 후 이와 **적합도가 높은 콘텐츠를 제시**하여야 한다. 아무리 뛰어난 역량과 독보적인 기술이 있더라도 적합도가 떨어진다면 쓸모가 없다. 보유역량부터 자격증까지 세세한 모든 정보가 해당 채용에 맞게 제시되어야 한다.

3. 가독성

지원서류의 가장 큰 목적은 '정보 전달'이다. 경력직 채용에는 학력사항부터 자기소개서까지 정말 다양한 정보가 동원된다. 따라서 지원서류는 읽는 사람이 **최대한 빠르게 핵심 정보를 파악할 수 있도록 설계되어야 한다.** 레이아웃, 색 배치, 폰트, 글자 크기까지 모든 디자인 요소가 단순히 예뻐 보이기 위해서가 아닌, 가독성을 극대화하는 데 초점이 맞춰져야 한다. 채용 시장에는 과거부터 지금까지 통용되는 기본 형식이 있다. 지원서류에 담아야 하는 정보도 정해져 있다. 차별화는 이런 기본적인 틀을 유지하는 선에서 시도되어야 한다. 새로운 항목을 넣거나 스토리텔링 방식을 쓰는 등 틀을 과하게 넘게 되면 눈에 띌 수는 있으나, 읽는 사람에게 혼란을 야기할 수 있다.

반드시 눈에 띄는
이직 콘텐츠
작성 프로세스

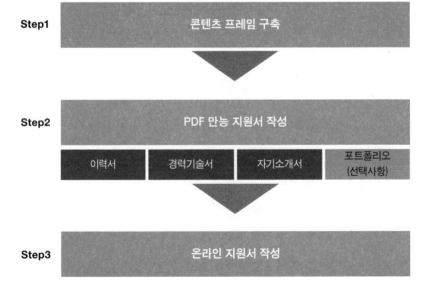

Step1 콘텐츠 프레임 구축

Step2 PDF 만능 지원서 작성

| 이력서 | 경력기술서 | 자기소개서 | 포트폴리오 (선택사항) |

Step3 온라인 지원서 작성

삼성, LG 등 대기업의 경우 채용 홈페이지 내 온라인 지원시 양식이 정해져 있다. 그래서 이와 같은 대기업에 지원할 때는 지원서 차별화가 쉽지 않다. 하지만 타깃 기업의 지원서가 자유 양식인 경우, 헤드헌터를 통해 지원하는 경우, 지인 추천으로 지원하는 경우에는 나만의 차별화된 지원 서류를 제출할 수 있다. 지원서 양식이 정해져 있더라도 이미 만들어놓은 지원서가 있다면 쉽고 빠르게 양식을 살짝 변형해 지원할 수 있다.

이직 콘텐츠를 작성하는 3단계 프레임워크를 소개한다.

Step1- 콘텐츠 프레임 구축
이직 콘텐츠의 뼈대를 만드는 작업으로 자신이 보유하고 있는 역량 중에서 **이직 목표에 가장 최적화된 강점을 뽑아내는 작업이다.** 콘텐츠 프레임을 만들어놓으면 이를 기반으로 수월하게 전체 콘텐츠를 완성할 수 있다.

Step2- PDF 만능 지원서 작성
콘텐츠 프레임을 기반으로 가장 중심이 되는 만능 지원서를 만드는 작업이다. 어떤 기업에 어떤 양식으로 지원하더라도 만능 지원서만 있다면 조금만 변형하여 쉽고 빠르게 지원서를 넣을 수 있다. 만능 지원서는 워드나 파워포인트로 작업하고 제출 시에는 PDF 파일로 변환하여 제출한다. **이력서, 경력기술서, 자기소개서** 이 3가지는 필수로 작성해야 하고 직무와 상황에 따라 포트폴리오를 추가할 수도 있다.

Step 3— 온라인 지원서 작성

채용 플랫폼 내에 나의 지원 정보를 등록하는 작업이다. 만능 지원서를 기반으로 온라인 지원서를 채워 넣으면 된다. 온라인 지원서를 등록해놓으면 **몇 초 만에 입사지원이 가능하고, 등록한 정보를 기반으로 이직을 제안받을 수 있다.**

지원서류 제출 방식

① 잡코리아, 사람인, 인크루트, 잡플래닛
→ 온라인 지원서 + PDF 지원서 첨부
② 원티드, 링크드인 → PDF 지원서 첨부
③ 기업 개별 채용 페이지 → PDF 지원서를 참고하여 정해진 양식에 맞게 작성
④ 헤드헌터, 지인 추천 → PDF 지원서 제출

4장_ 라이언식 이직 테크트리: 액션 플랜

Step1.
콘텐츠 프레임
구축하기

이직 콘텐츠에서 가장 중요한 것은 지원 직무와 관련하여 내가 가지고 있는 강점을 정확히 추출하여 제시하는 것이다. 지원 직무에 필요한 역량 중 현재 내가 어느 정도 역량을 보유하고 있는지 파악해보고, 어필 포인트와 디펜스 포인트를 찾아내야 한다. 이는 서류 전형뿐만 아니라 면접 준비 과정에서도 가장 뼈대가 되는 정보이므로 충분히 고민해야 한다. 아래 양식을 정리하다 보면 이를 보다 쉽게 찾아낼 수 있다.

이직 목표	업계:
	직무:
필요 역량	역량1, 역량2, **역량3**, 역량4, **역량5**
보유 역량	**강점1**, 강점2, 강점3, **강점4**, 강점5···(모두 나열)

어필 포인트	역량1 ← 강점2 : 관련 근거(경험) 역량2 ← 강점3 : 관련 근거(경험) 역량4 ← 강점5 : 관련 근거(경험)
디펜스 포인트	역량3, 역량5

해당 포지션이 요구하는 필요 역량은 지원 기업이 공개한 채용공고에서 쉽게 확인할 수 있다. 필요 역량과 일치하는 나의 강점을 뽑아보자. 그리고 그 강점을 주장할 수 있는 경험이나 스토리 또한 근거로 마련해야 한다. 뽑아낸 강점은 이력서, 경력기술서, 자기소개서에 잘 녹여 넣도록 한다. 어필 포인트는 3가지가 적당하다. 2개는 부족한 느낌이고, 4개부터는 강점에 집중이 떨어진다.

요구 사항을 모두 만족하는 경우도 있겠지만, 관련 경험이 없거나 역량이 부족한 경우가 더 많다. 이런 경우 중장기적인 준비와 보완이 필요하다. 면접에서도 이에 방어할 수 있도록 미리 대응 방안을 마련해야 할 것이다. 이럴 경우 다른 지원자들과 차별점이 될 수도 있는, 일하는 태도를 강하게 어필할 수도 있다.

Step2.
PDF 만능
지원서 작성

콘텐츠 프레임을 구축하였다면 이제 뼈대를 기반으로 만능 지원서를 만들어야 한다. 지원자의 모든 정보가 담겨 있는 만능 지원서를 PDF 파일로 먼저 완성해두자. 그러면 타깃 기업에 클릭 한 번으로 지원이 가능하고, 이 자료를 기반으로 채용 포털 사이트의 온라인 지원서와 기업 사이트 내의 온라인 지원서를 쉽게 채울 수 있다.(채용 사이트별로 요구 양식이 약간씩 상이하다) 참고로 PDF 만능 지원서는 MS 워드 파일이나 PPT로 제작한 후 PDF 저장하기로 변환이 가능하다.(이력서+경력기술서+자기소개서를 하나의 파일로)

기업에서 지원서류를 확인하는 방법은 담당자마다 다를 수 있지만 읽

라이언식 이직 테크트리

는 이의 상황을 고려해볼 때, 처음부터 끝까지 순서대로 읽기보다는 핵심 정보 위주로 먼저 훑어본 후 관심이 있는 경우, 다시 읽어볼 가능성이 높다. 수많은 지원서를 받다 보면 지원자의 커리어는 천차만별이고, 관련도가 다소 떨어지는 지원자도 많다. 그렇기 때문에 핵심 정보를 중심으로 자체 필터링을 한 번 거친 이후, 직무 관련도가 높은 후보의 서류를 꼼꼼하게 살펴보는 것이 일반적이다. 그러므로 중간에 서류가 이탈되지 않으려면 다음과 같이 지원서류를 작성하는 것이 좋다.

서류 통과율을 높여주는
지원서 전략

1. 중요한 정보를 먼저 보여준다

여러 가지 정보 중에서 가장 중요한 정보가 **첫 페이지에** 나와야 한다. 그래야 초반에 이탈되지 않고 뒤 페이지까지 읽힐 수 있다.

2. 담당자가 훑어볼 내용을 표시해준다

여러 가지 정보 중에서 직무 관련성이 높은 정보에 하이라이트 표시를 해두자. 그래야 담당자가 그 부분을 빠르게 파악할 수 있다. **전반적으로 강약 조절이 잘되어 있는 지원서는 많은 정보가 담겨 있어도 복잡하지 않고 가독성이 높다.**

3. 애매하게 표현하지 말고 직관석으로 떠먹여준다

지원 포지션에 적합한 역량이나 기술을 보유하고 있다면, 그것을 장황하게 설명하기보다 명확한 용어, 즉 **명사로 제시해야 한다.** 채용 담당자는 바쁘다. 담당자는 자세히 읽고 해석할 여유가 없다.

만능 지원서 작성 1.
이력서

이력서는 지원서 중에서 담당자에게 가장 먼저 노출되는 문서이다. 초반부터 시선을 사로잡지 못하면 경력기술서, 자기소개서에 가기도 전에 담당자는 다른 지원자의 지원서로 이탈할 것이다. 위에서 언급한 대로 담당자가 가장 궁금해하는 질문에 대한 답을 직관적으로 줄 수 있어야 한다.

이력서에 반드시 포함해야 하는 정보 체계

항목	세부 항목	내용
지원자 정보	기본 정보	이름(한/영), 출생년도, 근속년수, 이메일, 연락처
	프로필 사진	실제 인물 확인 목적
	기타 정보	병역, 취미, 특기 등
보유역량	보유역량 요약	보유역량 명사로 기재
	보유역량 상세	보유역량별 세부 내용

보유역량에 관한 근거	경력사항 요약	기존 수행 업무별 한줄 요약
	경력사항 상세	기존 수행 업무별 상세 내용
	학력사항	고등학교, 대학교, 대학원
	교육사항	외부 교육기관 직무 관련 교육 수료 여부
	자격사항	보유 자격증
	어학능력	영어, 중국어, 일어 등 구사 수준
	OA 활용능력	Excel, Word, PPT 등 직무 관련 OA 활용 수준
	수상 이력	사내외 수상 경험
희망 처우	연봉 정보	현재 연봉, 희망 연봉

담당자가 가장 궁금해하는 것은 직무 적합도이다.

- 지금까지 어떤 일을 수행하였는가? → 경력사항(수행 업무)
- 지금까지 어떤 기업, 어떤 조직에서 근무하였는가 → 경력사항(회사/팀명)
- 우리가 제시한 요구사항에 부합하는 역량을 가졌는가 → 보유역량

채용 담당자는 이런 것들을 가장 궁금해하기 때문에, 이력서 첫 페이지에 다음과 같은 정보를 가장 눈에 띄게 하이라이트 해서 작성한다.

- ✓ 보유역량
- ✓ 경력사항
- ✓ 프로필 이미지
- ✓ 콘셉트

보유역량 & 경력사항

경력직 이력서의 경우 보유역량을 기재하지 않는 경우가 있다. 하지만 담당자가 여러 가지 정보로 보유역량을 해석해야 하는 과정이 생겨서는 안 된다. **보유역량을 언어로 명사화하여 직관적으로 알려줘야 한다.** 그다음 다양한 정보를 근거로 들어 각각의 보유역량을 입증해야 한다. 이때 경력사항이 무엇보다 중요하다. 경력사항은 지금까지 어떤 일을 수행하였고 어떤 성과를 달성하였는가를 보여주기 때문에 보유역량의 근거로서 가장 중요하게 제시되어야 한다.

프로필 이미지

면접관은 당신의 서류에서 사진에 가장 먼저 눈을 둘 것이다. 지원서에서 텍스트가 아닌 유일한 이미지 정보는 사진뿐이라서 가장 먼저 눈이 갈 수밖에 없다. 계속해서 지원서를 읽는 작업은 지루하다. 지원 기업 담당자는 지루한 과정 속에서 프로필 이미지를 통해 일종의 재미요소를 찾기도 한다. 또한 이미지에서 풍기는 인상과 분위기를 통해 캐릭터를 짐작하기도 한다. 담당자의 뇌는 무의식중에 지원자가 어떤 사람일지 판단하고, 그러한 이미지가 각인된 상태에서 다른 정보를 접하게 된다.

외모가 뛰어난 사람을 뽑는 자리가 아니기 때문에 **호감, 신뢰도, 밝은 인상을 줄 수 있는 사진이면 충분하다.** 실제로 면접에서 만났을 때 큰 차이를 느끼지 않을 정도의 보정, 자연스러움을 유지하는 정도의 보정은 도움이 된다. 프로필 이미지부터 면접이 시작된다고 생각하라.

콘셉트

마케팅에서 콘셉트는 가장 강력한 무기다. 콘셉트이란 상품 판매자가 내세우는 주장이자, 소비자에게 알리고자 하는 핵심가치이다. 이직도 마찬가지다. 지원자로서 **나의 가치를 가장 잘 표현한 한 문장이 바로 콘셉트**이다. 콘셉트를 잘 만들면 처음부터 쉽게 담당자를 사로잡을 수 있다. 명확한 정체성을 전달할 수 있고, 담당자를 후속 단계로 유도할 수 있다.

나만의 지원자 콘셉트를 만드는 방법

마케팅 콘셉트와 마찬가지로 지원자에게 있어서 좋은 콘셉트는 다음과 같은 요건을 만족시킨다.

- 차별성이 있다.
- 지원자의 특성과 연관이 있다.
- 회사의 니즈와 연결된다.

콘셉트를 쉽게 만들기 위해서 아래 3가지 유형을 고려해보기 바란다.

콘셉트 유형1- 강점을 부각: 코딩 역량을 보유한 서비스 기획자

콘셉트 유형2- 성과를 부각: 히트상품 하나로 연 매출 10억을 달성한 MD

콘셉트 유형3- 지원 기업이 직면한 문제 해결을 부각: 100만 가입자 확보를 달성할 퍼포먼스 마케터

첫 페이지에 프로필 이미지, 콘셉트, 보유역량, 경력사항 이 4가지만 잘 들어가도 서류 전형에 통과될 확률을 상당히 높일 수 있다. 그렇다면 이제 이러한 정보들이 실제 이력서에서 어떻게 전략적으로 구성되는지 살펴보자.

서류 합격률을 높여주는 이력서 구성

-일반적인 기본 이력서 양식

이 력 서

1. 인 적 사 항

성명 (한글)		성명 (영문)	
생년월일		성별	
병역사항		보훈 대상 여부	
현주소			
연락처		E-Mail	

2. 학 력 사 항

기간 (년, 월)	학교명 (학위)	전공학과	학점 / 만점	소재지
-				
-				
-				
-				

3. 자 격 증 및 교 육 사 항

자격 / 면허	취득일자 (년, 월)	자격 및 교육명	발급기관	점수 / 등급
외국어 공인시험				

4. 수 상 경 력

일자	단체	내용

5. 경 력 사 항

회사명	
근무기간	
근무부서 / 직위	

*출처: 글로벌 인재 채용 컨설팅 회사 R사 홈페이지

박해든 xxxxxx@kakao.com

고객 CS 만족도 5점 만점을 달성한 CS 전문가

전사 CS 전략 수립 / 고객별 대응 시나리오 체계 마련
CS 발생상황 정리 및 상황별 대응 가이드 구축
신규입사자 조기 적응을 위한 트레이닝 프로그램 개발

경력사항
총 00년 0개월

케이트리 국내 1위 CS 대행사 / 2020.12-재직중

- **CS 정책수립팀** 팀장/차장

  ○○○○○○○○○○○○○○○○○○○○○○○○○○○○○○○○○○○○○ (수행업무1)
  ○○○○○○○○○○○○○○○○○○○○○○○○○○○○○○○○○○○○ (수행업무2)
  ○○○○○○○○○○○○○○○○○○○○○○○○○○○○○○○○○○○○ (수행업무3)

이지앤믹스 온라인 쇼핑몰 / 2017.10-2018.11

- **CS 대응팀** 팀원/과장

  ○○○○○○○○○○○○○○○○○○○○○○○○○○○○○○○○○○○○ (수행업무1)
  ○○○○○○○○○○○○○○○○○○○○○○○○○○○○○○○○○○○○ (수행업무2)
  ○○○○○○○○○○○○○○○○○○○○○○○○○○○○○○○○○○○○ (수행업무3)

라이언이 실제로 사용 중인 이력서 양식 1

박새로이 Saeroy Park (199X년생/근속년수 X년 X개월)

이메일 : azoxxxxx09@gmail.com
연락처 : 010-9XXX-XXXX

2개월 만에 고객사 매출을 400% 성장시킨 마케터
모바일 딜리버리 시장 분석 및 플랫폼 Business Development (배민, 요기요, 배달통 등)
차이나 디지털 컨버전스 총괄 - 중국 시장 내 마켓 리더십 및 세일즈 총괄 (Tencent, Baidu, Alibaba)
위기 기반 마케팅 모델 개발 – 개인 위치 기반 (LBS Targeting Service)

경력사항

단밤 컴퍼니 (프리티지) 패션 · 뷰티 / 국내 1위 이커머스 컨설팅   201X.10-재직중

- **글로벌마케팅팀** 팀장/과장
  해외 브랜드 수입 총괄 - 온라인 리테일 전략 수립 및 집행, 세일즈 프로모션,
  인플루언서 플랫폼 비즈니스 (Paid Media 운영 및 효과 분석 수행)

인에이블러스 KT 그룹사 / 국내 No.1 디지털 컨버전스 컨설팅

- **차이나마케팅팀** 팀장/차장   201X.7-2017.6
  중국 내 디지털 컨버전스 사업 총괄 - 중국 온라인 미디어 분석 및 매체 계약 추진
  Tencent, Alibaba, Baidu 등 중국 플랫폼 및 DMP 운영 대행 / 집행

- **프로모션 기획팀** 팀장/과장   201X.9-2016.6
  국내의 프로모션 및 이벤트 운영 (카카오, 네이버, 구글 플랫폼 등)
  해외 딜리버리 비즈니스 파트너십 - 우버이츠, 쿠팡이츠 등
  자사 리테일 플랫폼 B2B Marketing - 해외 파트너사 및 플랫폼사 컨택, PR 진행

벨테크믹스 KT 그룹사 / 류티홍컨버비서비서

라이언이 실제로 사용 중인 이력서 양식 2

이와 같이 남들과 약간만 다르게 이력서 양식을 변형해도 채용담낭자의 시선을 단박에 사로잡을 수 있다.

1. 한 줄 콘셉트: 조직이 직면한 이슈와 목표에 솔루션을 제시한다.
2. 보유역량 3가지: 모집 요강에 명시된 직무 요구사항과 부합하는 3가지를 고른다.

기본 이력서와 라이언의 이력서 중 어떤 이력서가 지원 기업의 눈을 사로잡을까? 면접 초대장을 보내고 싶은 이력서는 무엇인가?

직장인들의 소셜미디어 '링크드인' 활용하기

프로필 이미지를 어떻게 넣어야 할지 감이 오지 않을 수 있다. 딱딱한 증명사진으로는 채용 담당자의 호감을 얻기 쉽지 않다. 이때 활용할 수 있는 채널이 링크드인이다. 링크드인에 가보면 국내뿐만 아니라 전 세계 직장인들의 이력서를 벤치마킹할 수 있다. 링크드인을 서핑하다 보면 눈이 가고 호감이 가는 프로필 이미지가 보일 것이다. 프로필 이미지뿐만 아니라 수많은 직장인들이 자기 자신을 셀링하는 기법을 살펴보고, 나의 콘텐츠에 적용해볼 수도 있다.

만능 지원서 작성 2.
경력기술서

경력지원자가 자신을 가장 잘 증명할 수 있는 방법은 자신이 해온 일과 그 일을 통해 만들어낸 성과이다. 이력서에서 이를 아주 간략하게 요약하여 전달하였다면 경력기술서에서는 회사별 또는 프로젝트별로 수행한 업무와 성과를 자세히 기술해야 한다. 연차가 쌓였다면 과거부터 수행한 업무가 매우 다양할 것이다. 그 다양한 업무 중에서 지원 직무와 관련이 높은 업무를 강조해야 한다.

예를 들어 A기업 → B기업 → C기업으로 이직해 현재 세 번째 회사를 다니고 있다고 해보자. 첫 번째 회사보다는 두 번째와 세 번째 회사가 이번 채용과 관련이 높다면 현재 다니고 있는 C기업의 비중을 가장 높이는 것이 좋다. B의 비중은 중간으로, A의 비중은 축소하여 작성한다. 이력서와 마찬가지로 가장 관심 있고 관련이 높은 정보를 먼저 보여주는 것이 좋다. 또 가급적 최신 기업 순서로 작성하는 것이 좋다.

유형1. 소속 조직 중심의 경력기술서 양식

조직 내에서 다양한 역할과 업무를 수행한 경우, 소속팀에서 수행한 업무 및 성과 중심으로 경력을 작성하는 방식이다.

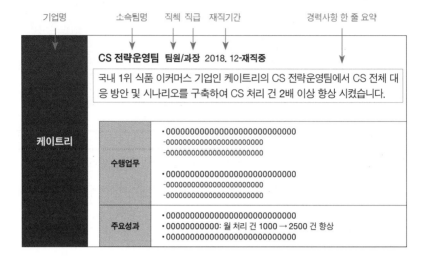

기업명　　　소속팀명　직책 직급　재직기간　　　　　경력사항 한 줄 요약

CS 전략운영팀 팀원/과장 2018. 12-재직중

국내 1위 식품 이커머스 기업인 케이트리의 CS 전략운영팀에서 CS 전체 대응 방안 및 시나리오를 구축하여 CS 처리 건 2배 이상 향상 시켰습니다.

케이트리

수행업무

• OOOOOOOOOOOOOOOOOOOOOOOO
 -OOOOOOOOOOOOOOOOOOOOO
 -OOOOOOOOOOOOOOOOOOOOO

• OOOOOOOOOOOOOOOOOOOOOOOO
 -OOOOOOOOOOOOOOOOOOOOO
 -OOOOOOOOOOOOOOOOOOOOO

주요성과

• OOOOOOOOOOOOOOOOOOOOOOOOO
• OOOOOOOOOOO: 월 처리 건 1000 → 2500 건 향상
• OOOOOOOOOOOOOOOOOOOOOOOO

- **경력사항 한 줄 요약:** 상단의 첫 줄만 읽어도 아래 내용을 파악할 수 있도록 요약하여 설명한다.
- **수행 업무:** 구체적인 역할 및 기여도를 기재한다.
- **주요 성과:** 매출, 점유율, 건수 등 가급적 구체적이고 정량적인 지표를 기재한다. Before → After 방식으로 표현하는 게 좋다.

유형2. 참여 프로젝트 중심의 경력기술서 양식

조직보다도 주요 프로젝트 단위로 업무를 수행해온 경우 프로젝트별 역할과 담당 업무를 중심으로 경력을 기술할 수 있다. 경력이 길지 않거나 하나의 프로젝트에 장기간 참여한 경우 이 방식이 지원자의 능력을 보여주기에 보다 적합하다.

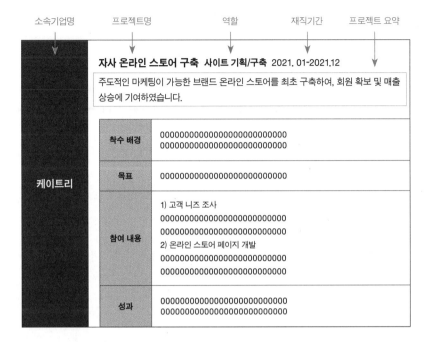

- **프로젝트 요약**: 상단 첫 줄만 읽더라도 프로젝트 전체 내용을 파악할 수 있도록 요약하여 설명한다.

- **착수 배경**: 프로젝트가 시작된 배경, 시장 및 경쟁사, 자사 현황 등 어떤 부분이 이슈 혹은 문제였는지 기술한다.

- **목표**: 해당 프로젝트로 달성해야 했던 목표를 적는다.

- **참여 내용**: 전체 프로젝트 중 참여한 업무 내용 및 기여도를 기술한다.

- **성과**: 프로젝트 전체 성과 및 개인 성과를 기술한다. 가급적 정량적 지표를 넣어 구체적으로 적는다.

117

만능 지원서 작성 3.
자기소개서

이력서에서 경력기술서를 거쳐 이제 자기소개서까지 왔다. 경력기술서는 이력서보다 더 자세한 정보를 담고 있다. 한편 자기소개서는 경력기술서보다 자세한 개인적인 이야기를 전달할 수 있다.

이력서와 경력기술서에서 '무엇What'을 보여주었다면 자기소개서에서는 '어떻게How'를 보여줄 수 있다. 어떤 태도와 마음가짐으로 업무에 임하는지, 어떤 어려움이 있었고 그것을 어떻게 극복하였는지 자세히 표현하는 기회로 삼아야 한다.

콘셉트와 보유역량으로 지원 기업의 관심을 얻는 데 성공하였다면, 이제 자기소개서에서 그 근거를 제시하여 지원자의 역량이 사실임을 증명해야 한다.

롱런하는 브랜드에는 저마다의 스토리가 있다

화장품 업계에서 일할 때 내 눈에 확 들어온 브랜드가 있었다. 그것은 아빠가 만든 화장품 '파파레서피'였다. 파파레시피 김한균 대표는 아토피가 심한 딸을 위해 자극적이지 않은 자연주의 유기농 성분의 화장품을 직접 만드는 과정에서 지금의 파파레서피를 세우게 되었다. 파파레서피의 스토리는 수많은 뷰티 브랜드 중에서 한 번에 나의 관심을 사로잡았다. 이처럼 브랜드에 스토리가 담기면 특별해지고, 쉽게 각인되고, 오래 기억된다. 이직도 마찬가지다. 나라는 상품에 스토리를 입힐 수 있다면 나는 수많은 지원자 중에서 특별한 지원자가 된다. 더불어 함께 일하고 싶은 마음도 생긴다. 자기소개서는 나만의 스토리를 보여줄 수 있는 최적의 공간이다.

나만의 스토리를 어렵게 생각할 필요는 없다. 남들과 다른 방식으로 문제를 해결한 경험, 업무에 깊게 집중한 경험이 스토리가 될 수 있다. 꼭 도달하고 싶은 커리어 목표가 있거나 지금까지 그 목표를 따라 달려온 이야기도 스토리가 될 수 있다. 새로운 업무를 맡게 되었을 때 업무 역량을 확보하기 위해 애썼던 이야기도 나만의 스토리가 될 수 있다.

경력지원자의 자기소개서는 항목부터 전략적으로 설계해야 한다
신입사원 채용 시 자기소개서에서 물어보는 항목은 주로 태도와 관련된 내용이 많다. 경력사원의 자기소개서는 일반적으로 다음과 같은 구성이다.

- 가장 어려웠던 경험과 이를 극복한 사례
- 협업을 통해 좋은 결과를 달성한 경험
- 창의성을 발휘한 경험
- 성장 배경
- 지원 동기
- 성격의 장단점
- 입사 후 포부

이직 컨설팅을 해보면 자기소개서를 형식적으로 여기거나, 부담스러워하는 경우가 많다. 지원 기업 및 직무와 연관도가 떨어지는 정보를 넣는 등 전략적 설계 없이 어떻게든 내용 채우기에 급급해하기도 한다. 이런 자기소개서는 항목만 보더라도 읽고 싶은 마음이 사라진다. 특별함도, 후킹 요소도 없기 때문이다. 지원 기업에 채용 페이지가 따로 있어서 자기소개서 항목이 정해져 있다면 그 항목에 맞게 작성해야 하지만 만능 지원서의 경우, 지원자가 원하는 대로 자기소개서 항목을 결정할 수 있기에 전략적인 접근이 필요하다. 자기소개서를 통해 이력서와 경력기술서에 기재한 정보를 백업하고, 미처 표현하지 못한 강점을 어필할 수 있어야 한다.

자기소개서에서 어필할 수 있는 콘텐츠

① 관련 업무에서 역량을 발휘한 성공 사례

이력서와 마찬가지로 자기소개서도 지원 기업이 가장 듣고 싶어 하는 이야기로 시작하는 것이 중요하다. 지원 기업은 경력사원이 특정 업무를 해결해주기를 원한다. **관련 업무를 이전 회사에서 성공적으로 수행해낸 스토리를 적는다면, 높은 업무 연관도를 보여줄 뿐만 아니라 지원자의 핵심역량을 입증할 수 있다.** 딱 맞는 경험이 없더라도 지원 기업에서 수행하게 될 업무와 가장 근접한 경험을 기술해야 한다.

② 구매 후기와 같은 동료들의 피드백

"가장 좋은 광고는 만족한 고객이다."

-필립 고틀리

쿠팡과 같은 오픈 마켓에서 물건을 살 때, 온라인에서 맛집을 검색할 때 사람들이 중요하게 확인하는 것이 후기이다. 먼저 경험한 사람들의 이야기는 영향력이 크다. 성공한 오픈마켓 판매자가 후기를 쌓기 위해 엄청나게 노력하고 후기 관리를 정말 중요하게 생각하는 이유이다.

이직할 때도 후기를 노출할 수 있다. 자기소개서에 예전 직장에서 함께 일한 동료들의 피드백을 담는 것이다. 내 입으로 떠드는 한마디보다 **제3자의 한마디가 더 강력한 마케팅 메시지가 될 수 있다.** 이전 동료들에게 피드백을 작성해달라고 하면 생소해하거나 어려워할 수 있다. 그러니 강조 포인트를 정리하거나, 피드백 초안을 작성하여 보내주고 완성해달라고 요청하는 것이 좋다. 그래야 내가 원하는 방향대로 후기 콘텐츠를 담을 수 있다. 후기는 많으면 많을수록 좋지만 때로는 하나도 얻기 쉽지 않기 때문에 2~3개를 넣을 수 있다면 베스트일 것이다.

③ 업무 성향, 태도, 직업관 등 강점을 보여주는 사례

자기만의 업무 스타일, 남다른 노하우, 협업 방식 등을 자기소개서에 담을 수 있다. 조직에 적응하기 위해 노력한 스토리, 역량을 계발하기 위해 노력한 스토리도 강점을 어필할 수 있는 좋은 소재이다.

④ 지원 기업이어야 하는 이유, 이루고 싶은 것

여러 지원자의 서류를 보다 보면 이 사람이 이 회사에서 승부를 보려고 하는 것인지, 아니면 근처를 지나가다 괜찮다 싶어 들른 것인지 쉽게 판단이 된다. **그 진정성은 내가 왜 이 업계에서 일하고 싶은지, 왜 이 일을 하고 싶은지, 왜 이 회사에서 그 일을 하고 싶은지를 설명하는 부분에서 드러난다.** 지원 기업의 어떤 부분에 매력을 느꼈는지도 중요하지만, 경력자 채용이기 때문에 이루고 싶은 목표도 적어야 한다. 이 일을 통해 어떤 성과를 달성할 것인지, 어떤 결과를 만들어 내고 싶은지 표현해야 한다.

라이언식 이직은 다양한 타깃 군에 지원하는 방식이기 때문에 모든 기업에 맞춤형 지원동기를 제출하기는 쉽지 않다. 타깃 중에서도 중요한 핵심 타깃과 메인 타깃은 기업 분석을 통해 맞춤형 지원동기를 작성하여 제출하고, 나머지 기업은 ①, ②, ③ 항목으로 동일하게 제출하는 것이 좋다.

지원동기 포맷

아래와 같은 포맷을 활용하면 핵심 타깃에 맞는 지원동기를 빠르게 작성할 수 있다. 수많은 지원서류 중에서 스킵되지 않으려면 채용담당자(현업 팀장)가 알고 있는 기업 이야기보다는 조금이라도 호기심이 갈 '지원자의 이야기(보유 경쟁력)'로 시작하는 것이 좋다.

핵심 메시지	해당 기업의 중점 과제 해결
보유 경쟁력	지원 직무와 관련한 나의 경쟁력
지원 기업 매력 포인트 & 중점 과제	비즈니스 모델, 기업문화, 비전, CEO의 가치관, 사업 전략 등 회사의 장점과 현재 회사가 고민하고 있는 부분
간단한 포부	지원 직무에 대한 남다른 능력과 다른 지원자들과 다른 점

지원동기 작성 예시 (지원 분야: 틱톡/에이전시 세일즈)

핵심 메시지	디지털 광고 업계에서 쌓은 저의 경험과 역량이 틱톡 광고의 에이전시 세일즈 매출 상승에 꼭 필요할 것이라고 생각해 지원하였습니다.
보유 경쟁력 (60% 분량)	그동안 광고주와 대행사, 매체사까지 다양한 곳에서 경험을 쌓으면서 디지털 광고의 생태계를 누구보다 잘 이해하게 되었습니다. 또한 수많은 광고주와 에이전시를 응대하며 고객의 니즈를 파악하고 실제 매출을 달성한 경험이 풍부합니다. 특히 광고 에이전시인 N사에서 3년간 근무하면서 에이전시를 어떻게 움직여 광고 매출을 높일 수 있는지, 효과적인 전략을 세울 수 있는 역량을 키웠습니다.
지원 기업 매력 포인트 & 중점 과제 (30% 분량)	틱톡 광고는 데이터 기반의 타깃팅과 효과적인 포맷으로 브랜드를 홍보할 수 있는 매우 파워풀한 마케팅 툴입니다. 하지만 틱톡 광고를 집행하지 않는 광고주, 망설이는 광고주도 많습니다. 광고주와 직접 컨택하는 에이전시들이 틱톡의 광고를 더 많이 제안하게 해야 한다고 생각합니다.
간단한 포부 (10% 분량)	더 많은 광고주가 특정 광고 매체의 한계를 넘어 틱톡 광고를 통해 자사 브랜드와 상품을 알리는 데 기여하고 싶습니다. 특히 에이전시를 통한 매출 확대에 제 역량과 경험을 쏟겠습니다. 다른 지원자와 달리 빠른 성과를 달성할 수 있다고 확신합니다.

〈마케터 라이언의 합류 후 달라진 것들〉

저는 온라인 쇼핑몰의 마케팅 팀장으로 입사하여 3가지 방향으로 마케팅을 개선하였습니다.

첫째, 전사 마케팅을 통합하였습니다. 기존에는 상품마다 마케팅이 산발적으로 진행되고, 개별 마케팅 성과도 제대로 측정되지 않았습니다. 이를 개선하기 위해 마케팅 빅이슈를 선정하고 모든 채널을 동원하여 일관된 커뮤니케이션을 진행하였습니다. 예를 들어 주력 상품인 엠플의 출시에 맞춰 자사몰, 입점몰, 소셜 채널, PR 기사, 인플루언서 마케팅, 유료 광고 등을 동시에 진행해 이슈를 만들고, 성과를 극대화했습니다. 이러한 마케팅 체질 개선을 통해 브랜드 인지도와 매출을 높이고 신규 고객을 늘릴 수 있었습니다.

둘째, 광고 채널을 다각화했습니다. 기존 마케팅은 네이버 중심이었고 상품을 그대로 노출하는 방식이었습니다. 상품의 셀링 포인트를 제대로 보여줄 수 있도록 동영상 포맷을 늘렸고, 영상을 잘 보여주기 위해 페이스북, 인스타그램, 유튜브 광고의 비중을 높였습니다. 또한 지그재그, 화해 등 패션/뷰티 특화 매체를 새로 발굴하여 더 많은 신규 고객을 확보했습니다.

셋째, 마케팅 퍼포먼스를 최적화하였습니다. GA 및 트래킹 툴을 도입하여 매체별 광고 성과를 정확하게 측정하고 광고 효율을 높였습니다. 또한 3곳의 대행사를 사용하던 기존 구조를 개선하기 위해 통합 서비스를 제공하는 전문 마케팅 대행사를 비딩해 선정하였고, 업무 효율화를 추구하였습니다.

마케팅 불모지에서 마케팅 체계를 세우고 지속하여 효율을 높였습니다. 회사 매출 1,200억 원 달성에 이러한 마케팅이 중요한 역할을 수행하였다고 생각합니다.

〈빠른 조직 적응 + 공격적인 역량 계발〉

'모바일 비즈니스에서 마케팅을 하고 싶다'는 목표를 세운 뒤 도전 스토리가 시작되었습니다.

통신회사에서 광고회사로 옮기면서 광고 전문가가 되기 위해 남들보다 2배 많은 시간과 노력을 투입하였습니다. 광고 상품별 특징과 운영 방법을 끊임없이 연구하였습니다.

패션, 뷰티 업계로 이동한 뒤에는 업계를 파악하기 위해 오프라인 매장을 수시로 다니고, 화장품도 직접 발라보며 공부하였습니다. 상품 개발팀과 매주 미팅을 하여 출시 상품의 특징과 셀링 포인트를 확인하며 제품에 대한 감각을 키웠습니다. 페이스북, 구글 광고는 대행사에 맡기면서도 중요한 상품은 직접 운영하여 마케팅 역량을 키웠습니다.

이커머스 업계로 이직한 뒤에는 업계의 생태계와 셀러의 니즈를 파악하기 위해 셀러로 활동하는 친구를 수시로 찾아가서 정보를 얻었습니다. 디자이너가 부재할 때 직접 마케팅 콘텐츠를 생산하기 위해 디자인을 배우며 단기간 내 개인 역량을 확보하기도 하였습니다.

이처럼 새로운 환경에서도 최고가 되기 위해 자신을 괴롭히고 빠르게 역량을 확보하여 성취감을 맛보는 타입입니다.

125

<동료들이 바라본 마케터, 라이언>

"입사 후 빠르게 회사에 적응하는 모습이 인상 깊었습니다. 모바일 기획팀 팀장으로 어린 친구들을 잘 이끌었고 모바일 사업이 성과를 달성하는 데 많은 기여를 했습니다. 중국 마케팅이라는 신규사업도 만들어질 때부터 끝까지 책임감 있게 총괄하였습니다."

만능 이력서 작성 4.
포트폴리오

이력서와 경력기술서, 자기소개서는 모두 텍스트 정보이다. 이에 반해 포트폴리오는 그동안 작업해온 결과물을 시각적으로 보여줄 수 있는 수단이다. 과거에는 디자인 등 시각 자료를 증명해야 하는 직군에서 포트폴리오를 많이 사용하였으나, 최근에는 개발자부터 서비스 기획, 마케팅까지 직군과 관계없이 널리 활용되는 추세이다. 포트폴리오를 만들어두면 주요 과제나 프로젝트별 역량과 성과를 지원 기업에 자세히 보여줄 수 있다.

이직 포트폴리오 작성 시 주의사항
① 어설픈 포트폴리오는 없느니만 못하다

디자인 직군을 제외하면 포트폴리오는 필수가 아니다. 만약 다른 사람들은 이력서, 경력기술서, 자기소개서만 제출했는데 나만 정성이 담긴, 잘 구성된 포트폴리오를 제출한다면 어떨까? 지원 기업 담당자에게 플러스 점수를 받을 수 있고, 서류 전형 합격률까지 높일 수 있다. 하지만 포트폴리오 정보가 충실하지 않거나 퀄리티가 높지 않다면 오히려 다른 지원자보다 가치가 떨어질 수 있다. 지금까지 수많은 포트폴리오를 받아보았지만, 구색 갖추기 식으로 추가된 포트폴리오가 많았다. 이력서, 경력기술서, 자기소개서와 차별되는 정보가 많지 않은 경우도 있었다. 기왕 포트폴리오를 만들 거라면 정성을 듬뿍 담아 지원자의 새로운 정보가 들어간 포트폴리오, 퀄리티가 남다른 포트폴리오를 만들어보자.

② 지원 직무와 연관된 정보를 담는다

이는 당연한 이야기로 들릴 수 있다. 하지만 많은 포트폴리오가 지원 기업과 직무가 아닌, 본인의 이력에 맞추어져 작성되고 있다. 보여주고 싶은 게 많더라도 해당 채용과 관련 있는 내용을 추려서 맞춤형 포트폴리오를 만들어야 한다.

③ 읽는 사람을 최대한 배려한다

채용의 담당자는 수많은 지원서류를 검토한다. 나의 지원서류만 하더라도 이력서와 경력기술서, 자기소개서를 거쳐 이제 마지막 포트폴리오까지 온 상황이다. 이러한 담당자의 상황과 편의를 고려하여 포트폴리오의 모든 정보를 한눈에 보기 쉽게 제작해야 한다.

- 너무 긴 포트폴리오 → 15~20장이면 충분

- 대용량의 압축 파일 → 10MB 이하의 PDF 파일

- 페이지마다 다른 레이아웃 → 일관된 포맷으로 가독성 극대화

이직 포트폴리오 내용 구성

항목	내용
표지	한 줄 콘셉트, 지원 기업, 지원 직무, 지원자 이름 이력서 상단에 이미 작성한 콘셉트를 그대로 활용한다.
원페이지 프로필	프로필 이미지, 개인정보, 보유역량, 경력사항 다시 이력서를 확인하는 번거로움을 해소해준다.
차례	전체 프로젝트명 나열
본문	프로젝트 혹은 업무별 내용 및 성과(이미지)
마무리	한 줄 포부

이직 포트폴리오 작성 예시

PROFILE

데이터를 기반으로 문제를 해결하는 마케터

라이언
Nolan Ryan
nolanryan2022@naver.com
510-9999-9999

Core Competencies

IMC 마케팅 전략 수립 및 캠페인 실행
Paid Media 활용 퍼포먼스 광고 운영 전문가
데이터 분석 기반 광고 성과 최적화

Work Experience

2020.3~재직중	딜리버리 히어로	브랜드 매니저
2018.6~2020.2	우버 이츠	퍼포먼스 마케터
2016.4~2018.5	이베이 코리아	서비스 기획

Skills

Google Analytics, Appsflyer 등 분석 Tool 활용
Photoshop, Premier Pro 활용 컨텐츠 제작 가능

Contents

1. 신규 광고 매체 발굴
2. 광고 퍼포먼스 개선 사례
3. 광고 성과 트래킹 시스템 도입 : GA
4. 인플루언서 마케팅 성공사례
5. 브랜디드 컨텐츠 캠페인
6. CRM 마케팅 성공사례
7. 중국 디지털 마케팅 사업 : Baidu DSP

---

1. 신규 광고 매체 발굴

딜리버리 히어로, 2021

기존 방식에서 벗어난 '신규 광고 매체 발굴'을 통해, 전사 마케팅 목표 초과 달성

카카오 모먼츠 - 리타겟팅 광고

Zigzag   StyleShare   Hwahye   Glow Pick

Situation
네이버 쇼핑 등 노출 중심의 광고 의존
신규 유저 확보를 위한 방안 필요

Behavior
업종별 신규매체 발굴 및 매체 포트폴리오 다각화 시도
리타겟팅 - 카카오 모먼츠 (다음 전면 배너 타겟팅)
버티컬 매체 - 화해, 글로우픽, 연파, 파우더룸 등

Achievement
신규 유저 유입 250% 증가 (월/카페 24 측정 기준)

Step3.
온라인 지원서
작성하기

각 채용 포털 사이트에서 지원자 정보를 등록할 수 있는 서비스를 제공한다. 이력서, 자기소개서, 경력기술서 등 온라인 지원서를 작성할 수 있고, 개인이 미리 작성한 지원서류와 포트폴리오 파일도 첨부할 수 있다. 플랫폼마다 등록하기가 번거로울 수 있지만 한 번 등록해두면 PC와 앱 모두에서 그 즉시 온라인 지원서를 통해 간편하게 입사지원을 할 수 있다. (PC, 앱 모두 이용 가능) 뿐만 아니라 온라인 지원서를 공개하면 해당 자료를 기반으로 헤드헌터나 기업으로부터 이직을 쉽게 제안받을 수 있다.

온라인 지원서를 등록할 수 있는 채용 플랫폼

① 잡코리아 www.jobkorea.co.kr

② 사람인 www.saramin.co.kr

③ 인크루트 www.incruit.com

④ 잡플래닛 www.jobplanet.co.kr

⑤ 원티드 www.wanted.co.kr

⑥ 링크드인 www.linkedin.com

⑦ 비즈니스피플 www.bzpp.co.kr

⑧ 블라인드 하이어 www.blindhire.co.kr

⑨ 리멤버(앱 서비스)

온라인 지원서 등록 예시-잡코리아

개인회원 홈 → 이력서 관리 → 이력서 등록

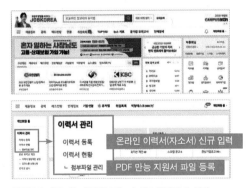

플랫폼의 세부 기능과 명칭, UI는 수시로 변경될 수 있다.

최근 프로젝트 관리 및 기록 소프트웨어인 노션의 사용이 높아짐에 따라, 자신의 이력과 포트폴리오를 노션으로 만드는 경우가 많아지고 있다. 실제 채용 과정에서 접한 노션 활용 사례를 종합하여 3가지 주의사항을 뽑아보았다.

1. 노션, 아직은 보조 수단으로

지원서류에 내용은 없고 노션 링크URL만 있는 경우가 있다. 링크에 들어갔을 때 지원기업에 대한 내용은 찾아볼 수 없어 성의 없게 느껴지기도 한다. 노션 지원서에 대해 특별히 언급되지 않은 경우라면, 스탠다드한 지원 서류를 지원 기업에 맞춰 작성하고, 노션은 추가로 첨부하여 일목요연하게 정리된 자료로 활용하는 것을 추천한다.

2. 꼭 필요한 정보만

노션 페이지에 들어가보면 해당 채용과 관계 없는 개인 활동에 대한 내용이 포함된 경우가 많다. 회사생활 이외의 활동이 많으면 업무에 집중하지 못하는 건 아닌가 우려가 되기도 한다. 채용 전용 노션 페이지를 만들어 채용에 꼭 필요한 정보만 노출하라.

3. 접근 권한 확인하기

노션 링크를 타고 들어가서 프로젝트를 클릭했는데 접근 권한이 없어 열람이 되지 않는 경우가 종종 있다. 이런 경우 노션 링크를 첨부하지 않느니만 못하다. 외부에서 열람이 가능한지 사전에 꼭 테스트 하자.

어플라이 전략

> "광고가 저지를 수 있는 최대의 죄악은
> 눈에 안 띄는 것이다."
> -존 케이플즈

6 Channels
6가지 지원 채널 관리

| 헤드
헌터 | 채용
플랫폼 | 버티컬
사이트 | 검색
포털 | 지인
추천 | 기업
홈페이지 |

고객을 만났을 때 최대한 많이 팔릴 수 있는 콘텐츠를 이제 만들었다면, 다음으로 할 일은 시장에 있는 타깃 고객을 최대한 많이 만나는 일이다. 어플라이 전략은 가용할 수 있는 모든 채널을 활용하여 노출을 극대화하는 전략이다. 광고는 말 그대로 '널리 알린다'는 뜻이디. 이제 효율적으로 니 자신을 광고해보자.

최종 합격까지
이끌어주는
어플라이 전략

이직을 '모바일 게임'처럼
할 수 있을까

PDF 만능 지원서를 만들고 채용 플랫폼마다 온라인 지원서를 등록하였다면 모든 준비는 끝났다. 이제 본격적으로 공략에 돌입할 차례다. 가능한 모든 루트를 확보하여 공들여 완성한 지원서를 마구 뿌리는 것이다.

과거 이직을 마음먹은 이후, 시간만 있으면 중독된 것처럼 관심 기업에 문을 두드렸다. 자기 전 10분 동안 클릭 한두 번으로 수십 곳의 기업에 지원서를 넣을 수 있었다. 기업마다 지원서 양식이 달라 한 기업에 지원하는 데 많은 시간이 걸렸던 과거와는 달랐다. 앞서 설명했듯 이직 시장은 '채용 플랫폼 다양화'와 '지원 절차 간소화'라는 두 트렌드로 진화하고 있다. 이러한 변화 덕분에 이제 서류만 잘 준비하면 누구나 쉽게 기업에 지원할 수 있는 인프라가 조성되었다.

마치 모바일 게임을 하듯 손쉽게 기업의 문을 두드릴 수 있는 세상이다. 하루 이틀 만에 서류 통과 메일을 받을 수 있어 성취감과 재미를 크게 느끼기도 한다. 지원자와 기업 사이에서 활동하는 헤드헌터들을 통해 입사 제안을 받을 수도 있다. 내 경우 헤드헌터를 통해 주 3회 정도 입사 제안을 받고 있다.

이커머스에서 클릭 몇 번으로 결제까지 할 수 있는 것처럼 채용 시장도 디지털화, 모바일화, 간편화로 나아가고 있다. 또 인공지능AI 등 첨단 기술을 도입한 새로운 채용 서비스들도 우후죽순 생겨나고 있다. 이러한 플랫폼을 잘 활용하는 것 또한 경쟁력이고 기술이라 할 수 있다.

최소 시간, 최대 지원
'간편 지원' 활용하기

앞서 설명했듯이 온라인 마케터는 팔리는 구조를 만들고 많은 고객을 그 구조 안으로 유입시켜 성과를 극대화한다. 고객에게 매력적인 오퍼를 제공할 준비가 되었다면 방문 고객을 늘려야 한다. 방문 고객이 많아질수록 매출은 늘어날 것이다. 마케팅에서는 방문 고객을 '트래픽'이라고 표현한다. 판매를 늘리기 위해서 트래픽을 끌어올 때 블로그, 카페, 인스타그램, 유튜브, 밴드, 카카오톡 오픈채팅 등 다양한 채널이 활용된다. 이직 역시 그 원리는 동일하다. 다양한 기업에 최종 합격하려면 면접을 최대한 많이 봐야 한다.

최대한 많이 면접에 초대되려면 최대한 많은 채용 담당자가 내 지원서를 봐야 한다. 최대한 많은 담당자가 내 지원서를 검토하려면 지원서를 최대한 많이 넣어야 한다.

당신의 면접 합격률이 10%이고 서류 통과율도 10%라고 가정해보자.

기업 1곳에 최종 합격하기 위해서는 10번의 면접을 봐야 하고, 10번의 면접을 보기 위해서는 100번을 지원해야 한다.

그러므로 무엇보다 트래픽을 높이는 작업이 중요하다. 높은 타율보다 1번이라도 더 많이 타석에 들어서는 것이 중요하다.

트래픽을 높이는 가장 좋은 방법은 '간편 지원'이다. 기업들은 한 명이라도 더 많이 지원자를 유치하기 위해 간편 지원을 채택하고 있다. 그 덕분에 이제 채용 플랫폼에 등록한 온라인 지원서나 자유 양식의 지원서류 파일만 있으면 클릭 한두 번으로 서류 지원이 가능하다. 국내 일부 대기업은 여전히 기업 채용 사이트에서 특정 온라인 양식을 고수하고 있지만, 점점 많은 기업들이 입사지원의 문턱을 낮추는 추세다. 회사 또한 트래픽을 조금이라도 더 늘려야 하는 입장이기 때문이다. 글로벌 기업들은 이미 오래전부터 이 방식을 사용하고 있고 국내에서도 간편 지원이 더 빠르게 대세가 되고 있다.

간편 지원 서비스 예시 - 잡코리아 〈즉시 지원〉

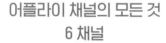

어플라이 채널의 모든 것
6 채널

① 헤드헌터

헤드헌터는 기업과 지원자를 연결해 채용을 촉진한다. 기업을 대신하여 인재를 발굴하고 입시지원까지 연결해준다. 지원자에게 헤드헌터는 적합한 기업의 오퍼를 전달해주는 중요한 조력자이다.

② 채용 플랫폼

채용 플랫폼이 점점 다양해지고 있다. 오랜 기간 채용 시장을 지배해온 채용 포털 사이트부터 최근 출시된 채용 전문 앱까지, 수많은 서비스가 존재한다. 기업마다 주로 이용하는 채용 플랫폼은 다를 수 있다.

③ 버티컬 사이트

채용 플랫폼이 모든 업계를 커버하는 채널이라면 버티컬 사이트는 특정 업계에 특화된 채널이다. IT, 디자이너, 미디어 등 특정 업계의 채용 정보만을 제공한다. 버티컬 사이트가 없는 업계도 있으므로 있는 경우에만 활용하면 된다.

④ 검색 포털

잘 알려지지 않은 사실이지만 구글과 네이버 등의 검색 포털을 통해 특정 키워드에 맞는 채용 정보를 광범위하게 찾을 수 있다.

⑤ 지인 추천

과거 함께 일했던 전 회사의 동료나 지인이 이직을 제안하는 경우이다. 최근 많은 기업에서 사외 추천 제도를 도입하고 있다. 검증된 인재를 추천받아 채용이 성사되면 추천한 직원에게 포상금을 지원하는 방식이다. 이에 따라 지인 추천 또한 늘고 있다. 흔한 방식은 아니지만 지인 추천은 최종 합격으로 이어질 가능성이 매우 높다.

⑥ 기업 홈페이지

대기업이 과거부터 지금까지 고수해온 방식이다. 회사 채용 홈페이지가 따로 있고 그 안에서 계열사 관련 채용공고가 통합적으로 제공된다. 지원자는 지정된 온라인 양식에 맞춰 지원한다.

어플라이 채널 평가

	트래픽 규모	리소스	어플라이 방식
헤드헌터	▶▶▷	▶▶▷	인+아웃바운드
채용플랫폼	▶▶▶	▶▷▷	아웃바운드
버티컬 사이트	▶▶▷	▶▷▷	아웃바운드
검색 포털	▶▶▶	▶▷▷	아웃바운드
지인 추천	▶▷▷	▶▶▶	인바운드
기업 홈페이지	▶▷▷	▶▶▶	아웃바운드

- 트래픽 규모: 지원 가능한 기업의 수
- 리소스: 지원하는 데 소요되는 시간, 에너지

- 어플라이 방식
  - 인바운드: 제안이 들어오는 방식
  - 아웃바운드: 직접 지원하는 방식

트래픽을 모으는 데 비용이 들기 때문에 마케터는 여러 가지 채널 중 효율이 높은 채널을 선택한다. 하지만 이직 관련 채널을 이용하는 데 비용은 들지 않는다. 따라서 모든 가용 채널을 활용하는 것이 좋다. 6 채널 평가표는 채널의 우선순위를 정할 때 쓸 수 있다. 헤드헌터, 채용 플랫폼, 검색 포털 사이트 이 3가지 채널만 잘 관리해도 적은 리소스로 많은 트래픽을 가져올 수 있다.

어플라이 현황
추적하기

본격적으로 입사 지원을 시작하면 수많은 기업과 헤드헌터와 교류하게 된다. 따라서 다양한 채널에 어플라이한 내용을 실시간으로 정리할 필요가 있다. 그렇지 않으면 어떤 기업에 지원했는지도 알 수 없고, 데이터가 쌓이지 않아 어느 단계에서 문제가 발생하고 있는지 파악하기 어렵다.

① 이직 전용 이메일 만들기

수많은 이메일을 주고받는 상황에서 기존 이메일 주소를 사용하면 여러 용도의 이메일이 뒤죽박죽 섞이게 된다. 이직 전용 이메일을 새로 만들고, PDF 만능 이력서와 온라인 지원서에 모두 이식 전용 이메일 주소를 기재한다. 이직과 관련된 사항은 모두 해당 계정에 쌓이게 하자.

② 입사지원 현황표 정리하기

한 곳이 아닌 다수의 타깃 기업에 지원하다 보면 자신이 어느 기업에 지원했고 지금 어느 단계인지 헷갈리기 쉽다. 따라서 지원 기업별로 전체 이력을 정리하는 것이 필요하다. 지원서를 넣었다면 바로 리스트에 등록하고, 변경사항이 발생하게 되면 수시로 업데이트한다. 그래야 전체 프로세스에서 어느 단계에서 플랜이 막히고 있는지 발견하고 조치할 수 있다.

라이언이 사용 중인 입사지원 현황표 양식

지원 날짜	회사명	직무	채용마감	지원채널	서류제출
22.06.30	LG 화학	생명과학사업본부 디지털 마케팅	22.07.05	자사 사이트	완료

141

어플라이
채널 활용법 1
헤드헌터

주 3회 이상
이직을 제안받는 방법

헤드헌터의 VIP 리스트에 내 이름 넣는 법

헤드헌터의 도움 없이 이직할 수도 있다. 하지만 일부 기업의 경우 채용 플랫폼을 이용하지 않고, 헤드헌터(서치펌)를 통해서만 경력자를 채용하기도 한다. 헤드헌터는 특정 기업의 경력 채용에 오랜 기간 참여했기 때문에 지원 기업의 정보와 유리한 팁을 지원자에게 제공해줄 수 있다. 헤드헌터를 통해 이직이 성사되더라도 수수료는 기업에서 부담하기 때문에 비용 부담도 없다. 하지만 이직 시장에서 헤드헌터를 적극적으로 활용하는 지원자는 많지 않다. 오히려 헤드헌터를 부담스러워하고 영업사원 정도로 취급하는 경우도 있다. 헤드헌터는 인재를 물색해 기업과 연결하는 일을 한다. 헤드헌터에게 제안을 받는 것을 넘어 우리가 공격적으로 그들의 고객 리스트에 이름을 올릴 수 있어야 한다. 헤드헌터와 연결만 된다면 그 이후로는 헤드헌터가 우리의 채용을 위해 팔을 걷어붙일 것이다. 심지어 우리가 자고 있는 동안에도 말이다.

헤드헌터들도 레벨이 있다: 프로 헤드헌터 구별법

지금까지 수많은 헤드헌터를 만나오면서 헤드헌터에도 다양한 유형이 있다는 것을 알게 되었다. 내가 좋은 헤드헌터를 구별하는 기준은 '지원 포지션의 정확도'이다. 정확한 정보 확인도 없이 키워드 몇 개만 일치한다고 JD^{Job Description}를 던지는 헤드헌터도 있다. 심지어 과거 퇴사한 기업에 지원해보라고 메일을 보내기도 한다. 반면 지원 기업의 요청과 지원자의 경력을 성심성의껏 확인한 뒤에 정확한 제안을 주는 분들도 있다. 면접 전후로 연락을 해주고 심지어 면접 전에 타깃 기업의 면접 팁을 알려주는 경우도 있다. 이처럼 진정성을 가지고 도움을 주는 프로 헤드헌터들을 리스트업하여 장기적으로 관계를 이어가는 것이 좋다.

헤드헌터에게 특별 관리를 받는 방법

지원자와 마찬가지로 헤드헌터도 지원자를 평가한다. 지원자의 역량과 태도를 보고 합격 가능성이 높다고 판단되면 헤드헌터는 공을 들일 수밖에 없다. 역량 수준은 지원자마다 차이가 있으므로 태도가 중요하다. 헤드헌터를 최대한 존중하고 한 차원 높은 매너를 보여준다면 헤드헌터 또한 나를 특별하게 대우할 것이다. 헤드헌터에게 제안 메일을 받았을 때 적시에 회신하고 감사의 말을 적어 보내는 것만으로도 헤드헌터가 최우선으로 추천하는 지원자가 될 수 있다. 수많은 헤드헌터에게 연락이 온다고 하여 갑의 마인드로 그분들을 대하면 나중에 불이익을 당할 수도 있다.

헤드헌터와 연결되는 방법1.
인바운드

채용 플랫폼에서 '지원자 정보 공개'를 켜놓으면 헤드헌터가 이를 보고 인바운드로 제안을 보낸다. 설정에 따라 이메일, 앱 푸시, 카카오톡으로 쉽게 제안을 확인할 수 있다.

헤드헌터로부터 인바운드 제안을 받을 수 있는 채용 플랫폼

잡코리아   사람인   인크루트   잡플레닛   비즈니스 피플   리멤버   링크드인

사람인(앱 기준)

My → 이력서 → 입사 제안 설정
→ 연락처 공개 상태(변경 클릭)

지원자 정보 공개 상태 설정 화면

잡코리아(앱 기준)

My → 포지션 제안 → 포지션 제안
ON 클릭

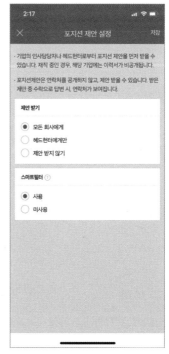

지원자 정보 공개 상태 설정 화면

헤드헌터와 연결되는 방법2.
아웃바운드

헤드헌터에게 지원자가 직접 연락하여, 이직 의사를 밝히고 지원 가능한 기업을 소개받을 수도 있다. 헤드헌터에게 먼저 연락하는 지원자는 많지 않기 때문에 특별한 지원자로 기억될 것이다. 이렇게 되면 당신은 헤드헌터를 헌팅하는 사람이 된다.

1. 헤드헌터 헌팅 - 링크드인

헤드헌터들이 가장 많이 활동하는 채널이 링크드인이다. 관련 검색어로 검색하면 헤드헌터들을 만날 수 있다.

회원가입 → 검색어 입력 → 1촌 맺기 → (1촌 수락 후) 메일 보내기

*관련 검색어: search firm, headhunter, recruiter, scout, 헤드헌터, 헤드헌팅, 서치펌 등
*헤드헌터뿐만 아니라 특정 기업의 리쿠르터와도 연락할 수 있다.

2. 헤드헌터 헌팅 - 잡코리아

잡코리아를 통해 헤드헌터에게 이력서를 전송할 수 있다. 참고로 이력서 전송은 웹에서만 가능하다.

메인화면 → 헤드헌팅 → 헤드헌터 찾기 → 이력서 발송 → 채용상담

＊원하는 조건 값으로 지원자에게 적합한 헤드헌터를 검색할 수 있다.

＊'이력서 발송' 버튼을 눌러서 잡코리아에 등록한 온라인 이력서를 전달한다.

＊'채용상담' 메뉴를 통해 인사 후 지원자의 요청 사항을 전달한다.

3. 헤드헌터 헌팅 - 비즈니스피플

채용 포털 비즈니스피플을 통해 헤드헌터에게 이력서를 전송할 수 있다. 메뉴 중 전문분야 선택은 웹에서만 가능하다.

메인화면 → 헤드헌팅 → 헤드헌터 찾기 → 전문분야 선택 → 메시지 보내기

4. 헤드헌터 헌팅 - 서치펌 사이트 직접 컨택

유명 서치펌 사이트에 방문하여 직접 이력서를 등록하는 방법도 있다. 개인적인 컨택보다 성공률이 높고 한 번 등록하면 지속적인 서비스를 제

공받을 수 있다. 대부분 서비스 비용은 따로 없다.

지원서 등록이 가능한 서치펌 사이트

① 유니코서치 https://www.unicosearch.com/

② 커리어앤스카우트 http://www.cnscout.co.kr/

③ 커리어케어 http://service.careercare.co.kr/

④ 엔터웨이파트너스 http://www.nterway.co.kr/

⑤ 케이웍스코리아 https://korea-works.co.kr/

⑥ 잡앤스카우트 http://www.jobnscout.com/

헤드헌터에게
곧바로 회신 받는 메일 작성법

수많은 헤드헌터에게 전부 다른 메시지를 보낼 수 없으므로 공통 양식을 사용한다. (한 번에 여러 명에게 보내지 말고 1:1로 발송하는 것을 추천한다)

① 라이언이 사용 중인 헤드헌터 제안 요청 메일

메일 제목	포지션 추천 요청 (OO 분야)
본문 메시지	안녕하세요, 저는 현재 OOO에 재직 중인 OOO 과장입니다. 이직 관련하여 좋은 제안을 많이 주신다고 소개를 받아 이렇게 연락을 드리게 되었습니다. 저는 OO, OO에서 근무했고 현재는 OO에서 OO 업무를 수행하고 있습니다. 지원서류를 메일로 전달해 드리니 적합한 포지션이 있을 시 연락을 주시면 감사하겠습니다. 업종과 유형 관계없이 커리어상 전문역량을 발휘할 수 있는 곳이면 모두 좋습니다. 총 경력: OO년 OO개월 (과장/팀장) 희망 분야: OO 더 필요한 정보가 있다면 언제든 말씀해주세요. 감사합니다.

② 헤드헌터 제안 거부 메일

안녕하세요. ○○○입니다.
신경 써서 제안해주셨는데
살짝 맞지 않는 부분이 있어 그 회사에는 지원이 어려울 것 같습니다.
향후 더 적합한 곳이 있다면 연락 부탁드립니다.
감사합니다.
○○○ 드림

위와 같이 제안받은 회사에 지원할 의사가 없더라도 응답하지 않는 것보다 회신을 보내는 것이 좋다. 정중하게 거절하면 헤드헌터에게 다른 제안이 올 가능성이 커진다. 언제, 어떻게 도움을 받을 수 있을지 모르니 메일은 항상 정중하게 보내도록 하자.

어플라이
채널 활용법 2
채용 플랫폼

가장 쉽고 빠르게
대량 지원이 가능한 채널

채용 플랫폼은 지원자가 가장 많은 타깃 기업을 만날 수 있는 곳이다. 노출 극대화를 추구하는 라이언식 이직에서 핵심이 되는 채널이다. 과거와 달리 채용 서비스를 제공하는 신규 플랫폼들이 계속 출시되고 있기 때문에 플랫폼 활용 능력이 필요하다. 채용 플랫폼은 다음과 같은 모습으로 진화하고 있다.

늘어나는 플랫폼, 추가되는 서비스

이직 시장의 규모가 커지면서 스타트업을 중심으로 경력직 채용을 도와주는 새로운 플랫폼들이 많이 생겨나고 있다. 직장인 커뮤니티인 블라인드는 사용자 기반으로 경력직 구인·구직 플랫폼인 '블라인드 하이어'를 출시하였고, 명함관리 서비스로 시작한 리멤버 역시 오래전 구인·구직 플랫폼 '리멤버 커리어'로 서비스를 확장하였다. 과거에는 채용 포털 사이트가 이직의 중심이었지만, 서비스가 많아짐에 따라 다양한 채널을 잘 관리해두면 더 많은 기회를 확보할 수 있다.

AI, 빅데이터 기술 적용

이직 시장에서도 AI, 빅데이터와 같은 첨단 기술이 큰 몫을 하고 있다. 지원자의 이력 및 이용 정보를 분석하여 적합도가 높은 기업을 스마트하게 매칭시켜주고 있으며, 그 정확도는 나날이 높아지고 있다. 인공지능 기반의 채용 플랫폼인 원티드는 서류 합격률 데이터를 기반으로 지원 기업을 추천해주는 서비스를 출시하기도 했다. 이 같은 기술이 더해지면서 채용 플랫폼의 이용가치는 더 높아지는 추세이다.

간편 지원 서비스

대부분의 채용 플랫폼이 간편 지원 서비스를 제공하고 있다. 간편 지원 서비스를 이용하면 이력서와 프로필만으로 바로 지원할 수 있다. 과거에는 기업마다 요구하는 지원서 양식이 달라서 한 번 지원하는 데도 리소

라이언식 이직 테크트리

스가 많이 소모되었지만, 지금은 개인이 만든 지원서 파일이나 채용 플랫폼에 등록해둔 온라인 지원서만으로 즉시 지원이 가능하다. 이처럼 지원 절차가 간소화되어 모바일 앱으로도 입사 지원이 가능하고, 마음만 먹으면 하루에 100곳의 기업에노 지원이 가능하다.

활용도가 높은 채용 플랫폼 리스트

① 어플라이 채널의 키 플레이어: 잡코리아, 사람인, 인크루트

잡코리아, 사람인, 인크루트는 오랜 경력과 큰 규모, 다양한 유저풀을 보유한 전통적인 강자이며, 간편 지원 서비스를 지원하고 있다. 가장 많은 채용공고가 올라오는 플랫폼이므로 **자신에게 적합한 채용정보를 알림**으로 받을 수 있도록 설정하는 것이 좋다. 이 3개 플랫폼 이외에도 커리어, 스카우트 등의 채널도 있지만 모든 플랫폼을 다 확인하기는 어렵다. 따라서 규모가 있고 서비스가 편리한 곳을 선별하여 사용하는 것을 추천한다.

② 기업 리뷰 서비스, 잡플래닛

잡플래닛은 기업 평판 조회 서비스로 많이 사용되고 있으나, 채용 플랫폼으로 활용하기 좋은 곳이다. **대규모 채용 포털 사이트에 올라오지 않는 공고가 올라오는 경우도 있고, 간편 지원도 가능하다.** 지원 이후에 헤드헌터에게 연락이 오는 경우가 많다.

③ 스케줄링 최강자, 자소설닷컴

자소설닷컴은 신입부터 경력지원자까지 누적 가입자 77만 명을 보유한 신흥 플랫폼이다. 무엇보다도 희망 조건을 입력하면 **조건에 맞는 채용정보를 캘린더로 보여주는 독보적인 장점**이 있다. 일정 관리에 용이하다.

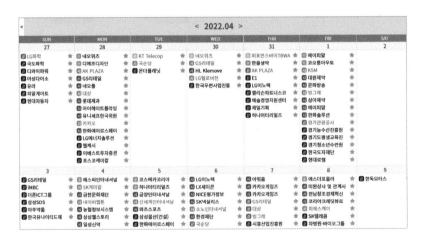

자소설닷컴의 채용공고 화면(PC웹)

④ AI 기반의 채용 플랫폼, 원티드

채용 관련 스타트업인 원티드는 다양한 신규 서비스를 선보이고 있다. AI 기술을 통해 지원자에게 적합한 정보만 보여주고, 채용 확정 시 채용기업으로부터 **약 100만 원의 채용보상금**을 받을 수도 있다.(채용 기업이 원티드로 지급 후, 원티드가 지원자에게 지급) 출시 초반에는 스타트업과 IT 기업 중심으로 채용공고가 올라왔지만 현재는 대기업까지 다양한 기업의 공고가 올라오고 있다.

원티드에서 제공하는 'AI 합격예측' 서비스.
이력서만 업로드하면 서류 합격률을 계산하여 채용공고를 리스트업해준다.

⑤ 명함 한 장으로 지원하는, 리멤버

명함 관리 서비스로 출발한 리멤버가 유저 데이터를 기반으로 헤드헌팅 서비스를 추가하였다. 이력서보다 훨씬 간단한 **명함 정보로 이직을 제안** 받을 수 있다. 앱으로만 이용이 가능하다.

⑥ 비즈니스 네트워크부터 채용까지, 링크드인

주로 외국계 기업의 채용공고가 올라오지만 국내 기업의 채용공고도 종종 확인할 수 있다. 헤드헌터라면 누구나 사용하는 서비스임으로, **헤드 헌터와 접점을 만드는 데 용이**하다. 지원자가 희망하는 분야의 종사자의 이력을 확인할 수 있다는 장점도 있다.(1촌 맺기 이후 가능)

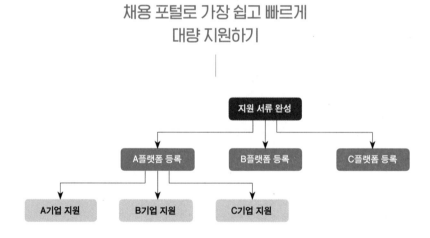

채용 포털로 가장 쉽고 빠르게
대량 지원하기

간편 지원 예시 → 잡코리아

① 스마트매치

유저의 등록 정보와 앱 이용 정
보를 바탕으로 AI가 자동 추천
해주는 서비스.

② 맞춤채용

직무, 근무 시역 등 유서가 설성
한 조건에 맞춰 채용공고를 추천
해주는 서비스.

메인 화면 → 스마트매치

전체 메뉴 → 채용정보 → 맞춤채용

③ 헤드헌팅 채용공고

헤드헌터가 올린 채용공고만 따로 확인하
는 메뉴. 세부 조건을 설정할 수 있다.

전체 메뉴 → 헤드헌팅 → 헤드헌팅 채용공고

*맞춤 채용과 헤드헌팅 채용공고의 경우 자신의 조건을 먼저 입력해야 한다.

*플랫폼의 세부 기능과 명칭, UI는 수시로 변경될 수 있다.

*채용 플랫폼마다 기능은 비슷하나 메뉴명이 다른 경우가 많다.

　예시) 간편 지원의 경우

　　　잡코리아: 즉시지원

　　　인크루트: 바로지원

　　　사람인: 임시지원

　　　링크드인: 간편지원

채용 플랫폼마다 관심 기업 등록하기

각 채용 플랫폼에서 타깃 기업을 검색해보고 지원자의 관심 기업으로 등록할 수 있다. 관심 기업으로 등록해두면 채용공고가 올라올 때 알람을 받을 수 있고, 관심 기업 정보를 기반으로 더 정확한 기업을 추천받을 수 있다.

어플라이
채널 활용법3
버티컬 사이트

종합 이커머스가 성장한 이후 패션, 뷰티 등 특정 주제를 기반으로 한 버티컬 커머스가 등장했다. 구인·구직 시장에서도 채용 포털이 자리를 잡은 이후 특정 업계를 겨냥한 버티컬 채용 사이트가 등장하는 중이다. 세분화된 시장을 겨냥한 버티컬 사이트가 있다면 적극 활용해보자.

특정 분야에 특화된 버티컬 사이트

분야	사이트명	서비스
개발자	프로그래머스	기술 개발자 중심 채용 플랫폼
개발자	점핏	개발자 채용 플랫폼
스타트업	로켓펀치	스타트업 위주 채용 플랫폼

건설	건설워커	건설 구인·구직 사이트
미디어	미디어잡	매스컴 취업 포털
디자이너	디자이너잡	디자인 취업 포털
미용	미용인잡	헤어·미용 전문 구인·구직 사이트
외국계	잡포스팅	외국계 기업 채용 사이트
외국계	피플앤잡	외국계 기업 채용 사이트
교수·연구원	하이브레인넷	교수·연구원 전문 채용 사이트
해외 취업	월드잡플러스	해외 취업 전문 채용 사이트

일반적인 채용 사이트보다 이곳에 구직자가 원하는 정보가 더 많을 수 있다. 또한 전문성이 강한 채널이므로 일반 채용 사이트에는 올라오지 않는 정보가 있을 수 있다. 자신이 특정 업계에 몸담고 있거나 새로운 정보를 찾는 중이라면 꼭 활용해보길 바란다.

어플라이
채널 활용법 4
<u>검색 포털</u>

검색 포털 사이트에 희망 키워드를 검색하면 관련된 채용 정보를 통합적으로 확인할 수 있다. 많은 사람이 검색 포털에서 채용 관련 정보를 따로 찾아볼 수 있다는 사실을 잘 모르는데, 검색 포털은 채용 플랫폼부터 기업 홈페이지까지 온라인상에 노출되는 모든 정보를 보여주기 때문에 활용도가 매우 높은 채널이다. 타깃 기업 리스트에 있는 모든 기업을 '기업명+채용'으로 검색해보자.

네이버 채용 검색 활용하기

검색어 입력
네이버 통합 검색 창에 입력
예) 직무명+채용
예) 기업명+채용

검색 조건 설명 가능
지역 / 직종 / 고용 형태 / 경력

관심 공고 북마크
네이버 keep에 저장

구글 채용 검색 활용하기

검색어 입력
구글 통합 검색 창에 입력
예) 직무명+채용
예) 기업명+채용

관심 공고 북마크
해당 메뉴에서 저장 가능

검색 조건 설정 가능
위치 / 게시일 / 유형 / 고용주

어플라이
채널 활용법5
지인 추천

뱅크샐러드는 2020년 인재 영입을 위해 최종 합격 시 추천인에게 최대 2,000만 원의 보상금을 지급하는 사외 추천 제도를 도입했다. 이후 게임 회사와 스타트업을 중심으로 사외 추천 제도가 급속도로 퍼졌으며, 많은 기업들이 이를 'IT 개발자 모셔 가기'의 수단으로 사용하고 있다.

　지인 추천은 기업 입장에서도, 지원자 입장에서도 이점이 많다. 기업은 현 직원이 보증하는 경력자를 영입하여 채용 리소스 및 리스크를 줄일 수 있고, 지원자는 지인에게서 기업 및 채용과 관련해 많은 정보를 얻을 수 있다.

　지인이 게임사, 최근 투자 유치에 성공한 스타트업 등에 재직 중이라면, 회사 내 사외 추천 제도가 있을 가능성이 높다. 그러니 자신의 이직

의사를 주변에 적극적으로 알리자. 새로운 회사로 들어간 옛 동료가 지인 추천으로 내게 이직을 제안하는 경우, 자신과 업무 적합도가 굉장히 높을 것이며, 면접만 잘 준비하면 최종 합격 가능성도 아주 높다.

사외 추천 제도 운영 기업

네이버, 카카오, 쿠팡, 요기요, NC소프트, 넷마블, 넥슨, 컴투스, 크래프톤, 화해, 에이블리, 강남언니, 핀다, 그린랩스, 뱅크샐러드, 폴라리스오피스, 보맵, 마이리얼트립, 퓨처플레이, 베어로보틱스, 버킷플레이스, 스푼라디오, 백패커, 비즈니스캔버스, 두핸즈, 삼쩜삼, 리디주식회사, 카카오브레인, 프리윌린 등.

어플라이
채널 활용법6
기업 홈페이지

대기업의 경우 그룹사 전용 채용 페이지에서 채용을 진행하는 경우가 많다. 채용 포털이나 검색 포털을 통해 해당 공고를 찾을 수도 있지만, 채용 페이지 내에서만 진행하는 경우도 있기 때문에 핵심 타깃 기업인 경우 채용 페이지를 즐겨찾기 하여 수시로 채용공고를 확인해보는 것이 좋다.

자사 채용 페이지를 쓰는 기업

LG그룹, 삼성전자, SK그룹, 현대자동차, 네이버, 카카오, 우아한형제들, 롯데그룹, 토스, GS리테일, LS전선, 닥터자르트(해브앤비), 한미약품, 컴투스 등.

잡 인터뷰 전략

"마케팅의 역할은 사람들이 충족하지 못한 니즈를 찾아내어
이를 충족시킬 매력적인 새로운 방법을 창조해내는 것이다."

-필립 코틀러

7	7	9	
핵심 질문	단골 질문	기타 질문	→ 23 Questions 23가지 예상 질문 준비

타깃을 정하고 이직 콘텐츠를 설계하여, 양적 지원을 한 결과 드디어 면접에 초대받았다. 여기까지 온 것도 절반의 성공이라고 할 수 있다. 이제 마지막 관문만 넘으면 결승점을 통과한다. 면접에 초대되었다는 것은 직무 연관도와 역량을 어느 정도 인정받았다는 뜻이다. 하지만 한마디 실수로 인해 탈락할 수도 있는 것이 바로 면접이다. 이 장에서는 면접에서 담당자의 관심을 확신으로 바꾸고 방해 요소를 제거하는 방법을 소개하고자 한다. 특히 핵심 질문 7개, 단골 질문 7개, 기타 질문 7개, 총 23개의 면접 예상 질문에 준비하는 방법을 공개한다.

필수로 준비해야 하는 면접 예상 질문 23

1 **당락을 좌우하는** **핵심 질문 BEST 7**	1 자기소개
	2 지원동기
	3 직무상 보유 강점
	4 퇴사 사유
	5 입사 후 포부
	6 경력사항 확인 질문
	7 채용 방해 요인 관련 질문
2 **무조건 물어보는** **단골 질문 BEST 7**	1 지원 기업 비즈니스 관련 질문
	2 업계 트렌드 질문
	3 직무 역량 확인 질문
	4 가장 성과가 좋았던 업무
	5 실패한 경험
	6 성격의 장점과 단점
	7 마지막으로 하고 싶은 말 또는 질문
3 **디테일 하지만** **중요한 기타 질문** **BEST 9**	1 스트레스 관리에 관련된 질문
	2 여가 시간 관련 질문
	3 함께 일하기 어려웠던 유형
	4 롤모델
	5 리더형 or 팔로워형
	6 처우 관련 질문(연봉이나 직급)
	7 출근 가능 일정
	8 업무 강도 관련 질문
	9 희망하는 업무 환경, 복리후생

면접형 인간이 되는
마인드 세팅

경력직 면접을 한 번도 본 경험이 없다면, 면접 자체가 낯설고 막막할 수 있다. 꼭 알고 가야 하는 경력직 면접의 기본 개념부터 면접관의 입장이 되어보는 연습까지 면접에 대한 감을 살려주는 워밍업이 필요하다. 과거에 면접을 봤었다고 해도 너무 오래되어 감을 잃었을 수 있으니, 면접 모드로 다시 마인드를 전환해보자.

면접은
쌍방향 평가이다

과거 국내 10대 화장품 회사에 면접을 보러 간 적이 있다. 부푼 기대를 안고 오프라인 대면 면접에 참석했지만 면접이 끝난 뒤 바로 헤드헌터에게 연락하여 지원 포기 의사를 밝혀야 했다. 나는 왜 결과가 나오기도 전에 이름을 들으면 다 아는 유명 뷰티 브랜드를 여러 개나 보유한 굴지의 대기업을 포기했을까?

면접 과정에서 나는 이 기업의 여러 가지 면모를 유추할 수 있었다. 먼저 이 기업은 대표이사의 면접 한 번으로 채용이 결정됐다. 채용 프로세스가 체계적이거나 시스템을 갖췄다는 생각은 들지 않았다. 채용에 얼마나 공을 들이는지만 봐도 회사의 시스템을 어느 정도 판단할 수 있다. 두 번째는 인사담당자가 들고 다니는 결재판이었다. 결재판에는 하드카피 문서가 꽂혀 있었다. 회사의 규모나 이미지와 다르게 문서를 출력해서 의사결정을 하는 옛날 방식을 사용하고 있었다. 마지막으로 나에게 날아온 면접 질문이 판단의 결정타가 되었다. 나이가 지긋하신 임원분이 나의 주소 정보를 보고 물었다. "아파트에 사시나 봐요?" 수많은 면접에서 다양한 질문을 받아봤지만 이 질문은 정말 역대급 질문이었다. 이처럼 면접을 통해 지원자도 지원 기업의 민낯을 정확히 확인할 수 있다.

기업은 경력 면접을 통해 수많은 지원자 중에서 까다로운 평가를 거쳐 적임자를 뽑는다. 한편 같은 자리에서 지원자도 자신의 다음 경력이 될 기업을 충분히 평가해야만 한다. 신입사원 면접은 어떻게든 나를 뽑아달라고 구애하는 느낌이 강하다. 신입사원은 아직 정식 선수가 아니기 때문이다. 경력직 면접에서도 신입 때의 경험 때문인지, 자신도 모르게 과도하게 자세를 낮추는 사람들이 있다. 하지만 경력자는 경험과 역량이라는 무기가 있다. **기업에게 선택권이 있는 것처럼, 지원자에게도 기업에 대한 선택권이 있다.**

면접에 앞서 경력지원자는 지원 기업의 정보와 채용공고의 모집 요강을 보고 업무 연관도를 확인하였다. 기업 또한 지원자의 지원서류를 보고 직무 연관도를 확인하였다. 이제 면접은 쌍방간에 합을 확인해보는 자리라고 할 수 있다. 업무와 기업문화가 얼마나 서로에게 잘 맞는지 확인하는 자리이다.

위와 같이 **경력직 면접이 무엇인지 개념을 확실하게 인식해야 자신감 있게 면접에 임할 수 있다. 회사도 경험과 역량이 있는 직원이 필요하지만 지원자도 새로운 회사, 더 나은 회사가 필요하다.** 물론 실제 면접에서는 대부분 회사가 지원자에게 질문을 하고, 갑의 마인드로 채용을 진행하는 면접관도 있다. 하지만 면접 과정에서 지원자도 회사를 평가할 수 있다. 회사 사옥부터 면접관의 태도, 채용 프로세스 등 여러 가지 요소가 평가 요소가 될 수 있다. 그러므로 면접에서 주눅들 필요도 없으며, 을의 마인드를 가질 필요도 없다. 매너를 지키면서도 같은 직장인으로서 미팅한다는 마음으로 편하게 커뮤니케이션하자.

면접관의 입장에서
생각해보기

회사가 경력직을 채용하는 목적

경력사원 채용은 비즈니스 목표를 달성하기 위한 투자이자 비용이다. 따라서 투입 비용 대비 효과^{ROI}가 가장 높을 것이라 예상되는 사람을 선발한다.

모든 회사에는 달성해야 하는 연간 목표가 있다. 그 목표는 대부분 매출 등 재무적인 목표이다. 회사는 목표를 달성하기 위해 개발도 하고, 서비스도 출시하고, 생산도 하고, 마케팅도 하고, 세일즈도 한다. 이를 위해서는 리소스가 필요하다. 리소스는 자금과 인프라 등 다양하지만 그중에서 가장 중요한 것이 바로 인적 리소스, 즉 인력이다. 배를 앞으로 보내기 위해 함께 노를 저어줄 사람이 필요한 것이다.

원론적인 이야기를 재차 설명하는 이유는 간단하다. 기업 입장에서 경력직을 채용하는 목적을 강조하기 위해서이다. 기업은 비즈니스 목표를 달성하기 위해, 특히 비즈니스를 추진하는 중에 발생하는 문제점과 이슈를 해결하여 재무적 성과를 달성하기 위해 경력직을 채용한다. 인력 투입은 가장 중요한 투자이자 비용 중 하나이다. 그러므로 기업은 ROI를 따져볼 수밖에 없고, 기회비용을 고려하여 여러 후보자 중에서 ROI가 가장 높을 것이라 예상되는 사람을 선발할 수밖에 없다. 이직을 앞두고 있거나 진행 중이라면 이러한 기업의 목적을 정확히 파악해야 한다. 또한 이직의 전체 프로세스 중에서 면접이야말로 기업이 지원자의 예상 ROI를 정확하게 파악할 수 있는 단계임을 염두에 두어야 한다.

나는 어떤 문제의 솔루션이 될 수 있을까?

뽑는 사람이 무엇을 고민하고 무엇을 해결하고 싶은지, 팀 리더의 마음을 상상해보자.

사례1- 신규 서비스 출시가 시급하여 더 많은 개발 인력이 필요한 경우

→ 빠르고 안정적인 개발이 가능한 프로그램 개발자

사례2- 클라이언트를 늘려 매출을 올려야 하는 경우

→ 공격적인 세일즈로 계약을 체결하는 세일즈 담당자

사례3- 서비스와 제품을 더 많은 타깃 고객에게 인지시켜야 하는 경우

→ 한정된 예산으로 최고의 효과를 내는 마케터

사례4-부품 생산 담당자의 퇴사로 생산에 차질이 생긴 경우

→ 안정적인 부품 생산을 리드할 엔지니어

사례5- 전임 리더의 문제로 인해 팀원들의 불만과 퇴사가 자주 발생하는 경우

→ 업무 분장 및 대외 커뮤니케이션에 노련한 리더

이제 경력직 면접에서 무엇을 어필하고 증명해야 하는지 감이 왔을 것이다. '나야말로 회사의 문제를 해결할 솔루션이 될 수 있고, 투자 가치가 충분한 사람이다. 나를 뽑는다면 당신의 회사는 이렇게 바뀔 수 있다' 바로 이 부분을 그동안의 업무 경험과 보유역량, 지식과 태도를 통해 증명해야 한다. 면접관 역시 지원자가 기업의 문제를 해결할 수 있는 사람인지 확인하기 위해 여러 가지 방법으로 검증하고자 기를 쓸 것이다. 지원자로서 지원 기업에 어떤 솔루션을 줄 수 있을지, 나의 ROI는 몇 % 일지 꼭 생각해보자.

업무 역량 못지않게 중요한 요소

포지션에 따라 약간씩 차이가 있지만 대부분의 직무가 팀플레이를 요구한다. 개발자의 경우 개발이 주 업무이지만, 개발을 잘하기 위해서는 서비스 기획자, UX 디자이너 등과 협업해야 한다. 직장생활을 하다 보면 조직 내에서 다른 멤버들과 시너지를 발휘하는 사람도 있고, 본인 일만 생각해서 나머지 멤버들의 감정과 에너지를 갉아먹는 사람도 있다. 후자의 사람을 경력직원으로 뽑으면 조직 전체의 생산성이 저하될 수 있다. 따라서 면접관은 팀플레이 역량, 동료들과 일하는 방식, 태도 등도 검증하고자 한다.

팀 리더의 경우 성과를 낼 수 있느냐 다음으로 '기존의 팀원들과 업무적으로 잘 어울릴 수 있을까?' 하는 문제가 중요하다. 따라서 면접관은 실제로 갈등이 있었던 적이 있는지 경험을 묻기도 하고, 본인의 의견이 반영되지 않을 때 어떻게 할 것인지 등 상황을 가정하여 물어보기도 한다. 이런 질문을 받으면 면접관의 걱정을 불식시켜주는 이야기를 꼭 해야 한다. 잘 뽑은 팀원 한 명이 팀 전체를 살리기도 하고, 잘못 뽑은 팀원 한

명이 팀 전체의 생산성을 망치기도 하니 말이다.

경력직 면접의 핵심 검증 포인트

검증 항목	세부 내용
보유역량 및 경력	해당 업무에서 성과를 낼 수 있는지 역량 점검 - 지원서류에 명시된 보유역량의 수준과 숙련도 파악 - 수행하게 될 업무와 관련도가 높은지 확인
지원자의 성향	어떤 성향인지, 어떤 마인드로, 어떤 방식으로 일하는지 파악 - 태도, 자질, 성격 차원에서 질문
조직 생활	조직(팀) 내 기존 구성원들과 잘 조화될 수 있을지 파악

경력사원 면접,
이걸 알고 가야만 성공한다

일반적인 경력사원 면접 프로세스

경력사원 면접 방식은 99%가 1대 1 또는 1대 다(면접관 다수) 면접이다.
지원자가 동시에 들어가는 경우는 아직 보지 못했다.

전형적인 경력직 면접 절차

• 1차 인터뷰: 실무진 면접(화상 인터뷰 또는 대면 인터뷰)

• 2차 인터뷰: 임원 면접(대면 인터뷰가 많다)

면접 절차는 기업의 규모와 직무, 기업문화에 따라 상이할 수 있지만 위와 같이 2차로 진행되는 경우가 많다. 면접에는 조직의 관리자(팀장)를 중심으로 관련 팀원이나 유관 부서 관리자가 동석하는 경우가 많다. 스타트업이나 규모가 크지 않은 기업의 경우 CEO가 최종 면접을 직접 주관하기도 한다.

코로나19 상황에 따라 1차 면접을 비대면 방식으로 진행하는 경우가 늘고 있으며, 기업에 따라 1차 면접만으로 채용이 결정되기도 한다. 대기업의 경우 기업의 인재상에 특화된 인적성 검사를 실시하기도 한다.

다양한 면접 프로세스 사례

유형	프로세스
전화 면접	사전 전화 면접 → 실무 면접 → 임원 면접
외국계 기업	소속 팀장 면접 → 실무자 면접 → HR 면접 → 임원 면접
스타트업	전화 면접 → 직무 면접 → 문화 면접 → CEO 면접

사전 과제가 주어지는 경우

지원자의 역량을 가장 정확하게 파악하는 방법은 지원 직무와 관련된 과제를 부여하고 결과를 확인하는 것이다. 개발자의 경우 코딩 테스트를 실시하기도 하고 디자이너의 경우 간단한 디자인 작업물을 요구하기도 한다. 또는 직무 관련 이슈를 제시하고 그에 대한 해결책이나 아이디어를 묻기도 한다. 만약 이런 과제가 부담스러운 지원자는 이때 지원을 포기할 것이다. 회사 입장에서 보면 지원자의 절대적인 수는 줄지만 양질의 진성 지원자를 확보할 수 있다는 이점이 있다. 사전 과제가 있는 경우, 실무진 면접을 진행할 때 과제를 먼저 발표하고 이에 대한 질의응답을 진행한 후 일반적인 역량 면접을 이어가는 경우가 많다. 과제는 면접 전에 미리 제출하는 경우도 있고 면접 현장에서 제시하는 경우도 있다.

한 번의 기회도
놓치지 않는
면접 성공 전략

면접관은 채용이 되면 앞으로 함께 일해야 하는 사람이다. 그렇기 때문에 잘하지 못하는 것을 잘한다고 할 필요도 없고, 경험하지 않은 일을 경험해봤다고 할 필요도 없다. 사실을 기반으로 진솔하게 이야기하는 것이 기본이다. 하지만 같은 상품이라도 어떤 판매 사원을 만나느냐에 따라 결과가 달라지듯이, 면접도 어떤 내용을 어떻게 말하느냐에 따라 나의 가치와 당락이 달라진다. 면접에도 전략이 있는 것이다. 면접 전에 어떤 콘텐츠를 준비해야 하고 실전에서 어떻게 이를 효과적으로 전달해야 하는지 살펴보자.

콘텐츠
전략

1. 대부분의 질문은 예측이 가능하다

야구에서 타자는 투수가 던지는 구종을 연구한다. 어떤 유형의 공이 날아올지 모두 예상할 수 있다면 어떤 공이 날아오더라도 당황하지 않고 대처할 수 있을 것이다. 이직을 준비하는 경력지원자로서, 팀원을 충원해야 하는 면접관으로서 나는 수많은 경력직 면접에 참여하였고, 면접에서 당연히 물어볼 수밖에 없는 질문이 무엇인지 알게 되었다. 모집 요강과 자신의 지원서를 비교하면 약 30분에서 한 시간 동안 어떤 질문을 받게 될지 예상할 수 있다. 모든 질문을 다 예상할 수는 없지만 핵심 질문들만이라도 답변을 잘 준비한다면 유리한 고지를 점령할 수 있다.

나의 첫 번째 이직은 다시 돌이켜보면 쉽지 않은 도전이었다. 통신회사 신규사업팀에서 광고회사 모바일 마케팅으로 도전하는 것이었기 때문에 업계와 분야가 모두 달랐다. 하지만 한 시간 가까이 진행된 하드한 면접에서 나는 주도권을 가질 수 있었다. 대표님 다음으로 높은 임원 3분이 나의 이야기에 홀린 듯 귀를 기울였다. 이 면접에서 퍼펙트게임을 할 수 있었던 이유는 '면접에서 나온 모든 질문이 나의 예상 범위 내에 있었기 때문'이다. 미리 면접 질문을 예상하고 훈련해둔 당연한 결과였다. 해당 업계와 비즈니스에 대한 경험이 부족하다는 것 등 약점이 뚜렷했기 때문에 오히려 면접 질문을 쉽게 예상할 수 있었다. 반전을 줄 수 있는 답을 철저히 준비하였고, 그래서 면접을 리드해갈 수 있었다.

노련한 면접관은 일부러 예상 밖의 질문을 던진다. 하지만 대부분의 면접관은 훈련이 되어 있지 않고, 예상한 범위 안에서 면접을 진행한다. 면접관의 수를 읽고 **미리 대비책을 마련하면 면접을 리드할 수 있다.**

경력직 면접에서 반드시 보여줘야 하는 어필 포인트

① 지원동기

　▶ 왜 우리 회사에 지원하는가?

　▶ 왜 이 포지션에 지원하는가?

　▶ 왜 현재 회사에서 나오려고 하는가?

　→ 3가지 질문에 명확하고 설득력 있게 이야기해야 한다.

② 보유역량

　▶ '이 사람이라면 이 포지션에서 성과를 달성할 수 있겠구나' 이런 확신이 들도록 보유한 경쟁력과 사례를 어필한다.

　▶ '아, 이 사람이 이렇게까지 했네', '전문가가 되려고 이런 일까지 했네' 하고 면접관이 놀랄 만한 내용을 넣는다.

　→ 무슨 일을 하고 어떤 결과물을 만들어야 하는지, 직무를 정확하게 파악하고 있어야 한다. 이는 모집 요강에서 자세히 확인할 수 있다.

③ 입사 후 포부

　▶ 이 사람이 우리 팀에 합류하면 어떤 것이 달라질까?

　▶ 이 사람이 우리 편에서 일하게 된다면 무엇을 기대할 수 있을까?

→ 면접관의 머릿속에 그림이 그려지도록 입사 이후의 계획을 이야기한다. 또한 지원자가 이 채용에 얼마나 진지한지, 얼마나 입사하고 싶은지 의지를 드러내야 한다.

④ 우려사항 해소

▸ 근속기간이 너무 짧은데 마음에 안 들면 또 퇴사하는 거 아닐까?

▸ 관련 경력이 조금 더 있었으면 하는데 아쉽군.

▸ 진짜 본인이 한 일이 맞을까? 주로 서포트만 한 거 같은데?

▸ 자기주장이 강할 것 같은데, 커뮤니케이션을 잘할 수 있을까?

→ 지원서류를 보고 담당자가 우려할 만한 지점을 해소해준다.

경력직 면접에서 자기소개를 시킬까?

경력직 면접은 신입사원 면접처럼 1분 자기소개를 무조건 하지 않는다. 하지만 처음의 어색하고 딱딱한 분위기를 풀기 위해 간단한 소개를 요청하는 경우가 일반적이다. 즉흥적인 자기소개와 전략적인 자기소개는 들었을 때 천지 차이다. 맥이 끊기고 두서없는 자기소개는 자신감이 없어 보이고 성의도 없어 보인다. 자기소개는 영화 예고편과 같다. 적당한 분량으로 깔끔하게 구성하면 전체 이야기를 알고 싶은 흥미를 높이고, 시작부터 '진정성'과 '호감'을 얻어낼 수 있다.

2. 어떤 질문을 받더라도 공격이나 방어, 둘 중 하나는 해야 한다

모의 면접을 진행하다 보면 아쉬울 때가 있다. 바로 점수를 더 받을 수

있는데도 사실 전달에서 답변이 끝나는 경우가 그런 경우다. 자기소개서
에는 자기만의 스토리와 보유역량이 들어가 있는데 면접에서 같은 질문
을 하면 이렇게 고민하며 뽑아낸 주옥같은 이야기는 하지 않는다. 어떤
질문을 받더라도 사실 전달을 넘어 자신에게 유리한 방향으로 답변을 전
개하는 것이 중요하다. 나의 강점, 잠재력, 성과 등을 언급하여 어필할 수
있어야 한다. 면접 질문 중에는 지원자에게 강점을 쏟아내라고 자리를
깔아주는 질문이 많다. 이런 질문을 받았을 때 **어떻게 하면 자신을 더
돋보이게 설명할 수 있을지 연구해야 한다. 부족한 부분을 공격받을 때
도 반전을 줄 수 있는 적극적인 방어가 필요하다.**

• **지원자가 어필할 수 있게 대놓고 기회를 주는 질문**
1. 현재 업무에서 본인이 가장 잘했다고 생각하는 것은?
2. 해당 포지션에서 남보다 뛰어나다고 생각하는 점은?
3. 해당 직무와 관련하여 갖고 있는 강점은?

• **아쉬움이 남는 답변의 예시―자동차 생산직**
질문) 전 회사에서 근무할 때 무엇이 가장 힘들었나요?
답변) 아침에 일찍 출근해야 했습니다. 시간을 맞추는 게 가장 힘들었
습니다.
→ 어떤 어필 포인트도 보이지 않는다. 오히려 출근 시간을 잘 맞출 수
있을지 걱정되는 답변이다. 유리한 답변은 어떻게 만들 수 있을까?

"하지만 저녁 시간에 되도록 약속을 잡지 않고, 평소보다 빠르게 잠들려고 노력한 끝에 한 달 안에 빠르게 적응할 수 있었습니다."

이렇게 이야기를 덧붙이면 힘든 상황에서도 이를 극복하고자 노력한 모습을 어필할 수 있다. 이처럼 면접에서는 어떤 내답이라도 사실 전달에서 끝나버리게 되면 아쉬워질 수 있다. 공격과 방어 중 하나라도 한다는 생각으로 답변하는 것이 좋다.

3. 지원 직무에 필요한 핵심 역량을 명확히 강조해야 한다

당연한 소리로 들릴 수 있지만 지원 직무에 필요한 핵심 역량을 강조해야 한다. 모의 면접을 진행해보면 의외로 많은 지원자들이 지원 직무가 아닌 자신의 경력을 중심으로 핵심 역량을 어필한다. 자신이 가장 잘하는 것, 가장 내세우고 싶은 점이 있겠지만 해당 직무와의 연관성이 무엇보다 중요하다. 직무 연관성을 기준으로 삼아 우선순위를 정해야 한다. 해당 직무에 필요한 역량이 무엇인지, 면접관이 중요하게 파악하는 역량이 무엇인지 고민해보고 그 역량을 명사로 표현해보자.

많은 지원자가 핵심 역량은 잘 설명해도, 그 역량을 단어로 정리하여 제시하지는 않는다. 자신의 강점을 면접관이 듣자마자 직관적으로 이해할 수 있도록 **명사로 이야기해야 한다.** 그리고 그 키워드가 면접관이 생각하는 키워드와 일치해야 한다. 모의 면접을 진행하고 나서 가장 많이 하는 작업이 지원자와 함께 보유역량(강점)을 추출하여 이를 명확한 용어로 표현하는 작업이다. "담당자로서 어떤 강점을 갖고 있는가?" 이런 질문을 받았을 때 어떤 지원자들은 '포기하지 않는 의지', '높은 책임감' 등을 이야기한다. 이처럼 어떤 직무에도 적용되는 태도 부분의 강점보다는 해당 직무에 필요한 직무 역량이나 기술적인 부분을 우선적으로 이야기해야 한다.

콘텐츠
전달 전략

1. 가급적 두괄식 답변으로

항상 면접관이 가장 듣고 싶어 하는 핵심 내용을 먼저 이야기하는 것이 좋다. 면접관은 집중도가 그렇게 좋지 않다. 세세한 내용으로 답변을 시작하면 중간에 집중력이 흐트러져 이야기의 의도를 놓칠 수 있다. 핵심 문장을 먼저 이야기하고 이를 보완하는 세부 내용을 뒷받침하는 구조라면 전달력을 높일 수 있고 논리적인 이미지를 얻을 수 있다. 두괄식으로 답변하겠다고 생각해도, 예상하지 못한 어려운 질문을 받으면 핵심부터 말하기가 쉽지 않다. 그렇기 때문에 미리 준비한 답변이라도 가급적 **두괄식으로 대답해야 한다.**

2. 같은 이야기라도 뉘앙스가 중요하다

똑같은 이야기를 하더라도 뉘앙스에 따라 느낌이 확 달라질 수 있다. 나에게 **유리한 부분은 사실에 기반해 강조하여 말할 수 있고 반대로 불리한 부분은 축소할 수 있다.** 약점은 물어보기 전에 굳이 먼저 언급하지 않는 것도 방법이다. 어떤 답변이든지 자신에게 유리하게 이야기할 수 있어야 한다. 특히 성격의 단점 등 부정적인 답변을 할 때는 항상 수위를 조절해야 한다. 잘못 튀어나온 한마디, 선을 넘은 한마디로 탈락이 결정될 수도 있으니 말이다.

• 단점 수위 조절 사례

질문) 성격의 단점은 무엇인가요?

답변) 집에만 있고 밖에서 친구들 만나는 것을 귀찮아하는 편입니다.

→ 솔직한 표현이지만 대인 관계 역량이 부족해 보일 수 있다.

수정 답변) 최근 코로나19로 인해 외출을 자제하고 집에서 주로 시간을 보내고 있습니다. 친구들을 만나더라도 집에서 만나는 편입니다.

3. 구조화된 메시지는 잘 전달된다

자기소개서를 쓸 때와 마찬가지로, 면접에서도 자신의 강점을 이야기한 이후 그 근거를 말하지 않는 지원자가 많다. 이와 같은 상황에서 면접관은 지원서류에 나와 있는 내용을 검증하기 위해 다양한 경험을 질문할 것이다. 자신의 보유역량을 뽑았다면 이를 뒷받침할 수 있는 근거, **즉 실제 사례와 스토리를 준비해야 한다.** 아래와 같은 체계로 구성하면 전달력을 높일 수 있다.

실제 사례와 경험을 녹여내는 SBA 구조

상황Situation	이슈, 문제, 장애요인 등 당시의 상황과 문제를 설명한다.
행동Behavior	해당 상황 안에서 어떻게 행동하였는지, 다른 사람보다 어떤 노력을 하였는지 어필한다.
성과Achieve	그 행동의 결과 어떤 성과를 달성하였는지, 혹은 어떤 점을 배웠는지 말한다.

4. 면접에 가기 전에 직접 녹음하거나 촬영해본다

면접 답변을 자연스럽게 이야기해보면서 녹음 또는 녹화해보라. 자신도 모르게 사용하고 있는 습관을 발견할 수 있다. 특별한 소리를 계속 낸다든지, 너무 말이 끊어진다든지, 모르는 질문이 나오면 눈을 굴린다든지 자신만의 버릇을 발견할 수 있다. 고치고 싶은 습관은 계속 들어보면서 교정하며 연습해야 한다. **제3자의 피드백을 받아보는 것** 또한 교정 포인트를 찾아내는 데 도움이 된다.

외적 요소
점검하기

면접은 아이돌 오디션이 아니다. 멋지고 예쁜 외모는 중요하지 않다. 단정하고, 매너 있고, 긍정적인 모습을 보여주는 것이 더 효과가 좋다.

1. 면접 드레스코드

면접 안내 메일에 기재된 '자유 복장'이라는 단어는 언제나 논란이 된다. 진짜 자유인지 형식상의 자유인지 의견이 분분하다. 경력직 면접에서 복장은 크게 중요하지 않다. 복장보다는 밀하고 있는 지원자의 일굴과 인상에 초점이 맞춰진다면 좋은 옷차림이라고 생각한다. 복장은 조연이어야지 주연이 되면 안 된다. 기업마다, 직무마다 어느 정도 정해진 드레스코드가 있다. 직접 고객을 만나는 비즈니스 직무는 정장을 입는 경우도 많다. 오피스에서 근무하는 지원 부서는 편하게 입는 분위기가 대세이다. 개발자 중심의 스타트업은 요즘 후드티나 민소매 티를 입는 경우도 많다. 중요한 것은 실제 근무하는 직원들과 드레스코드를 맞추는 선에서

유튜브에서 '토스 기업 문화'를 검색한 결과 노출된 영상, 토스의 자유로운 분위기, 평상시의 드레스 코드 등을 알 수 있다.

가급적 단정하게 입는 것이다. 지원 기업이 직원 인터뷰 영상으로 기업을 홍보하고 있다면, 유튜브나 회사 홈페이지에서 실제 직원들이 입고 있는 오피셜한 드레스코드를 확인할 수 있다. 중요한 기업의 오프라인 면접이라면 새 옷을 사는 것도 나쁘지 않다. 스스로 멋있게 보인다면 그 자신감이 나의 태도로 이어질 수 있기 때문이다.

2. 헤어스타일

남자든 여자든 헤어스타일은 인상에 굉장히 많은 영향을 끼친다. 어울리는 스타일을 찾기 위해 자신의 과거 사진이나 영상을 쭉 살펴보자. 가장 멋있어 보이고 가장 정돈되어 보이는 스타일로 관리를 받고 가는 것이 좋다. 스스로 만족하는 헤어스타일은 면접에서 자신감으로 연결될 수 있다.

3. 외모보다 인상을 바꾸는 것이 중요하다

나는 팀원을 뽑을 때 외모보다는 인상을 확인하려고 많이 노력한다. 누구나 가급적 밝은 사람과 함께 일하고 싶어 한다. 보통의 직장인들은 일하면서 많이 웃지 않는다. 때문에 거울을 보면서 입꼬리를 올리는 등 최대한 밝은 인상이 될 수 있도록 연습하는 것이 필요하다. 표정은 하루아침에 바뀌지 않는다. 거울을 보며 수시로 자신의 표정을 살피면서 미소를 지어보자.

비대면 면접
점검 요소

코로나19가 장기화됨에 따라 비대면 면접은 이제 대세가 되었다. 카카오, 현대, LG, 쿠팡 등 많은 기업들이 잡 인터뷰에서 '언택트^{Untact} 면접'을 도입하고 있다. 면접자가 회사를 방문하지 않더라도 노트북과 화상회의 프로그램을 통해 비대면으로 잡 인터뷰가 가능해진 것이다. 비대면 면접 또한 작은 부분들을 조금만 신경 쓰면 훨씬 좋은 결과로 이어질 수 있다. 비대면 면접은 가능하다면 녹화하는 것을 추천한다. 이후 자신의 면접을 모니터링하면서 개선 사항을 파악할 수 있기 때문이다.

비대면 면접의 7가지 체크 포인트

① 공간

소음이 없고 면접에 집중할 수 있는 안정적인 공간을 확보한다. 개인 공간의 경우 화면 뒤에 보이는 배경이 평가에 간접적인 영향을 줄 수 있으니 최대한 깔끔한 배경이 나올 수 있도록 정리한다. 개인 공간에서 진행이 어려운 경우 스터디룸 예약을 추천한다.

② 프로그램

줌^{Zoom}, 구글미트$^{Google\ Meet}$, MS팀즈$^{MS\ Teams}$, 스카이프^{Skype} 등 공지 메일에서 안내받은 화상면접 프로그램을 확인하여 미리 사용해보고 메뉴를 익히는 것이 중요하다. 비디오와 오디오 등 설정에 문제가 없는지 사전에 확인한다.

③ 비디오

실제 나의 모습이 화면에 어떻게 보이는가가 중요하다. 노트북 카메라는 해상도가 낮을 수 있으니, HD급 웹캠 사용을 추천한다. 카메라의 높이와 각도가 너무 낮거나 높지 않도록 조정한다.

④ 오디오

미리 녹음해서 자신의 목소리를 들어보자. 발음은 정확한지, 소리는 이상 없이 작동하는지 미리 확인한다.

⑤ 네트워크

대화가 끊어지지 않도록 네트워크 연결을 사전에 확인한다. 네트워크가 느리면 이야기가 끊어질 수 있다.

⑥ 채광

채광은 지원자의 전체 이미지와 영상 퀄리티에 영향을 준다. 유튜버들이 영상에서 가장 신경 쓰는 부분도 조명이다. 자연광이 들어오는 곳이 가장 좋고 스탠드 등 간접 조명을 활용해서라도 최대한 조명을 밝게 하는 것이 좋다. (자연광을 등지면 오히려 어둡게 보일 수 있다)

⑦ 외적 요소

일반 면접과 똑같은 면접 복장을 착용하는 것이 좋다. 완전한 정장은 아니더라도 비즈니스 캐주얼 등 실제 오프라인 면접과 유사한 드레스코드로 참석하는 것을 추천한다. 헤어와 메이크업도 오프라인 면접과 동일하게 준비한다.

지원자의 이야기로 들리도록
내재화한다

실제로 면접을 진행하다 보면 답변이 생각보다 조리 있게 나오지 않는다는 것을 깨닫는다. 내용을 잘 전달하기도 어려울 뿐 아니라 '이 이야기를 해야 했는데' 하는 아쉬움도 든다. 예상 질문을 뽑아서 답변을 정리하기도 쉽지 않지만 정리된 답변을 내 것으로 소화하는 작업 또한 필요하다. 제대로 소화하지 못한다면 아무리 멋진 답변을 마련했더라도 의미가 없다.

철저한 준비와 훈련이 성공을 보장한다 - 면접 준비 3단계

Step1— 지원서류를 보고 예상 질문을 뽑아보고 답변을 정리한다.

Step2— 답변 내용을 숙지한다.

Step3— 실전과 같은 모의 면접으로 실전 감각을 채우고 부족한 점을 보완한다.

면접 콘텐츠를 철저하게 준비하면 준비할수록 외워야 하는 분량도 많아진다. 전체 내용을 외울 수 있다면 가장 좋겠지만 현실적으로 쉬운 일이 아니다. 전체 스크립트를 외운다고 해도 조금이라도 생각이 안 나면 답변이 한순간에 꼬일 수 있고 전달할 때도 부자연스러울 수 있다. 그러므로 스크립트를 전부 외우는 것보다 특정 질문에 대한 답변의 구조를 외워야 한다. 핵심 문장과 그 뒤에 어떤 사례가 어떤 순서로 붙는지만 기억해도 어렵지 않게 구조에 살을 붙일 수 있다.

동일 업계, 동일 직무의 면접이라도 방심하면 안 되는 이유
동종 업계, 동일 직무로 이직하더라도 면접은 철저하게 준비해야 한다. 면접에서 어떤 클래스로 평가받느냐에 따라 보상이 달라질 수 있기 때문이다. 면접 결과는 이후에 있을 연봉협상에 큰 영향을 미친다. 연봉협상 시 HR부서는 채용을 주관하는 현업 부서에 지원자의 희망 연봉에 대한 피드백을 구한다. 지원자가 제시한 연봉이 부담되어도 현업 부서가 '반드시 필요한 인재'라고 피드백하면 지원자의 협상력은 수직으로 상승한다. 반대로 면접에 방심하고 들어가게 되면 합격하더라도 연봉을 깎아 먹는 행위와 같다. 결론적으로 자신이 있는 경우라면 더욱 면접에 집중해 회사가 꼭 뽑고 싶은 지원자로 보이는 방법을 연구해야 한다.

면접 합격률을 높이는 모의 면접
상상 훈련과 실전은 차원이 다르다. 면접 횟수가 쌓이면 비슷한 답변을 여러 번 하게 되고 경험치가 쌓인다. 따라서 이직을 결심하였다면 가능한 한 많은 면접에 참여하는 것이 좋다. 그동안 잊고 있었던 면접의 긴장감과 분위기를 다시 한번 떠올릴 수 있고 어떤 부분을 보완할지 점검할수 있다. 실전 면접이 어렵다면 실전처럼 진행하는 모의 면섭을 보는 섯또한 합격률을 높이는 데 큰 도움이 된다.

모의 면접 서비스를 받을 시 체크해야 할 포인트

① 예상 질문을 정확히 뽑아낼 수 있는가

모의 면접 전문가는 지원 직무와 지원자의 경력을 제대로 파악하여 면접에서 나올 예상 질문을 정확히 추출할 수 있어야 한다.

② 세부 피드백을 넘어 전체적인 전략 제안이 가능한가

전문가는 답변의 뉘앙스와 세부적인 내용을 첨삭해주는 것도 중요하지만, 전체 전략 차원에서 지원 직무에 대한 어필 포인트와 디펜스 포인트를 제대로 추출할 수 있어야 한다.

③ 실제 면접관으로 참여한 경험이 있는가

채용 관련 업무나 리크루팅 관련 경험이 있는 전문가보다 실제 면접관으로서 또는 현업의 지원자로서 경력직 면접에 참여해본, 경험이 풍부한 전문가를 추천한다.

꼭 준비하고 가야 하는
잡 인터뷰 질문 23

당장 내일 면접을 앞둔 지원자가 하루 전날 급하게 면접 컨설팅을 요청하는 경우가 빈번하다. 서류 전형에서 계속 탈락하다가 어느 날 갑자기 촉박하게 면접이 잡히면 당황하기 일쑤다. 무엇부터 준비해야 할지 모르겠다면, 필수 질문 23개를 먼저 준비해보자. 질문의 의도, 답변 포인트, 답변 포맷 등을 잘 참고하여 나만의 킬링 콘텐츠를 작성해보자.

Part1.
당락을 좌우하는 핵심 질문

핵심 질문 Best 7
1.1 자기소개

경력과 지원동기를 압축한 예고편

자기소개는 신입사원 면접에서 필수로 물어보는 첫 번째 질문이다. 경력 사원 면접에서도 면접의 어색한 분위기를 해소하기 위해 워밍업 차원에서 자기소개를 요청하는 경우가 많다.

질문 유형

"간단하게 경력 위주로 자기소개 부탁드립니다."

"지금까지 수행한 업무 중심으로 자기소개 부탁드립니다."

답변 포인트

이 질문에서 주의해야 할 사항은 너무 장황하게 말하지 않아야 한다는 것이다. 처음부터 자세하게 이야기하면 내용이 길고 지루해질 수 있다. 영화 예고편처럼 핵심사항만, 상대방이 더 궁금해할 수 있는 떡밥을 뿌린다는 생각으로 1~2분 내외로 이야기하는 것이 좋다. 이후 이 자기소개를 기반으로 추가 질문을 받게 되었을 때 자세한 세부 내용과 사례를 설명하면 된다. 수행 업무와 성과를 설명할 때는 면접관의 관심과 궁금증을 유발할 수 있어야 한다. 톤앤매너는 너무 진지하거나 심각하지 않게, 밝고 자신감 있는 톤이 좋다. 자기소개는 어떤 질문보다도 깔끔한 구성과 명료한 답변이 요구되는 질문이다.

포맷 제안

오프닝	인사, 소개
경력 소개	지원 직무와 적합도가 높은 성과 및 수행 업무
지원동기	개인 역량과 지원 기업의 연결고리
포부	지원기업의 경쟁력, 나의 포부

답변 예시

오프닝	안녕하세요. 저는 (지원 직무)에 지원한 (지원자 이름)입니다. 만나 뵙게 되어 반갑습니다.(미소)
경력 소개	저는 현재 (회사명1)의 (팀명)팀에서 (직무)업무를 수행하고 있고, (회사명1)의 (성과)한 부분에 기여해왔습니다. 이전에는 (회사명2)의 (팀명)팀에서 (직무)업무를 수행하여 (성과)의 성과를 달성하였고, 또 (회사명3)의 (팀명)팀에서 (성과)에 기여하기도 했습니다.
지원 동기	지금까지 (근속연수)년 동안 (직무)업무를 수행하며 (직무 역량)라는 강점을 쌓아왔습니다. 이를 바탕으로 (지원 기업)의 (지원 직무)업무에서 더 큰 기회를 찾고, 더 높은 성과를 달성할 수 있을 것이라 판단하여 새로운 도전을 하게 되었습니다.

포부	(지원 기업)은 현재 (업계)에서 (사업 내용)하고 있기에 저 또한 (지원 기업)에 합류하여 힘을 보태고 싶다는 생각을 하게 되었습니다. 현재 (지원 기업의 과제)라는 부분에 고민이 있으시다면, 저야말로 (지원 기업명)의 확실한 솔루션이 될 수 있을 것이라 확신합니다.

1.2 지원동기

지원 기업과 지원자의 연결 고리 만들기

지원동기는 어떤 이유로 이번 채용에 지원하였는지 물어보는 질문이다. 지원자의 입사 의지와 해당 직무와의 적합도를 확인하고자 면접 초반에 반드시 물어보는 질문이다. 나름의 사연이나 특별한 인연, 히스토리가 있다면 지원 기업의 매력 포인트와 내가 기여할 수 있는 부분을 연결하여 스토리를 만들 수 있다.

질문 유형

"어떤 이유로 우리 회사에 지원하게 되셨나요?"

"오랜 기간 한 회사에 근무하셨는데 우리 회사로 이직을 결정한 이유는 무엇인가요?"

"우리 회사에 어떤 점을 보고 지원하셨나요?"

답변 포인트

지원 기업이 어떻게 비즈니스를 하는지 자세히 분석하고, 어떤 부분에서 매력을 느꼈는지 기술해야 한다. 기업에 대한 분석이 세밀할수록 진정성과 설득력을 얻을 수 있다. 또한 나만의 차별화 요소를 추가하기 위해 지원 기업과의 특별한 인연 등 연결고리를 만드는 것이 중요하다. 지원 기업과 협업한 경험, 동종 업계에서 일한 경험, 과거 인턴이나 아르바이트를 한 경험 등을 넣어 지원 기업에 대해 평소에 잘 알고 관심을 갖고 지켜봐왔다는 식으로 스토리텔링 할 수 있다. 이런 경험이 없다면 지원 기업의 상품과 서비스를 직접 사용하고 있는 유저로서 느낀 바라도 말하는 것이 좋다.

포맷 제안

지원 기업의 매력 포인트	지원 회사의 어떤 부분에 매료되었는지 어필 (비즈니스 모델, 기업 문화, 비전, CEO, 사업 전략 등)
나의 경쟁력	지원 직무에 관한 나의 경쟁력(필살기) 어필
포부	이 회사에 들어오면 어떤 부분에 기여하고 싶은지 어필

답변 예시

지원 기업의 매력 포인트 (30% 분량)	저는 (지원 기업)의 해비 유저로서 (지원 기업)의 서비스를 매일 30분 이상 이용하고 있습니다. (지원 기업)의 서비스가 MZ세대의 니즈에 부합하기 때문에 앞으로 더 많은 유저가 이용하게 될 것이라 확신합니다. 뿐만 아니라 (지원 기업)이 보유하고 있는 데이터 기반의 광고 서비스는 정확한 유저에게 효과적인 포맷으로 브랜드를 홍보할 수 있기에 광고주에게 매우 파워풀한 마케팅 툴이 될 수 있다고 생각합니다.

나의 경쟁력 (60% 분량)	그동안 광고주와 대행사, 매체사까지 다양한 곳에서 경험을 쌓으면서 디지털 광고의 생태계를 누구보다 잘 이해하게 되었습니다. 수많은 광고주를 응대하며 고객의 니즈를 파악하고 만족시켜왔기에, (지원 기업)의 광고 상품의 확대와 매출 성장에 기여할 수 있을 것이라 판단합니다.
간단한 포부 (10% 분량)	더 많은 광고주가 특정 광고 매체의 한계를 넘어 (지원 기업)의 광고 상품을 통해 자사의 브랜드와 상품을 알리게 하고 싶습니다. 이를 위해 저의 역량을 제대로 발휘해보겠습니다.

라이언식 이직 테크트리

1.3 직무상 보유 강점

성과를 달성할 수 있는 근거 보여주기

지원자가 직무 역량을 보유하고 있는지, 어느 정도 경쟁력을 갖고 있는지 확인하는 질문은 경력직 면접에서 가장 중요하다. 면접관이 생각하는 필요 직무 역량(주로 모집 요강에 명시함)과 지원자가 주장하는 역량이 일치해야 한다.

질문 유형

"해당 포지션에서 지원자 님만이 갖고 있는 강점은 무엇인가요?"

"해당 포지션에서 성과를 달성할 수 있는 본인만의 경쟁력은 무엇이라고 생각하시나요?"

"여러 지원자 중에서 지원자 님을 뽑아야 하는 이유는 무엇인가요?"

"해당 직무에서 가장 필요한 역량 3가지는 무엇이고 각각에 대한 본인의 점수는 어떻게 되나요?"

답변 포인트

해당 직무를 잘 수행할 수 있다는, 가장 높은 ROI를 달성할 수 있다는 근거를 설명해야 한다. 보통 3가지를 이야기하는 것이 가장 효과적이다. 면접관은 업무와 관련된 여러 가지 이슈를 가정하여 지원자의 인사이트를 확인하기도 한다.

포맷 제안

1순위	직무(직접) 역량
2순위	공통(간접) 역량
3순위	인성 및 태도

보유 강점 답변 예시— 해외영업 직무

1안) 직무 역량 3가지 제시

강점1. 국가별 트렌드 분석 및 상품 제안 능력

강점2. 동종업계 내 브랜드사와의 끈끈한 인적 네트워크

강점3. 고객 협상 스킬

2안) 직무 역량 2 + 공통 역량 1 제시

강점1. 국가별 트렌드 분석 및 상품 제안 능력

강점2. 동종업계 내 브랜드사와의 끈끈한 인적 네트워크

강점3. 커뮤니케이션 스킬

각 강점별로 근거 및 추가 설명이 논리적으로 필요하다. 단순한 주장이 아니라 나의 강점을 뒷받침할 수 있는 사례나 데이터를 반드시 준비해야 한다.

핵심 질문 Best 7
1.4 퇴사 사유

면접관 마음속 우려를 불식시키기

경력직 면접 중 가장 방어를 잘해야 하는 질문이다. '퇴사'라는 단어는 굉장히 무게감이 있는 단어이다. 불화나 갈등 등의 사유로 퇴사를 마음먹은 것은 아닌지(또는 그래서 이미 퇴사한 것인지) 우려할 수 있다. 특히 재직 기간이 1년 미만인 경력이 있는 경우 반드시 퇴사 사유를 물어볼 것이다. 이를 통해 어떤 귀책사유가 있었는지 확인하고, 지원 회사에 합류하고서도 버티지 못하고 조기 퇴사해버리는 게 아닌지 확인하기 위해서다. 따라서 이러한 우려를 확실히 불식시킬 수 있는 답변이 필요하다.

질문 유형

"왜 현재 직장에서 이직하려고 하나요?"

"현 직장도 좋은 직장인데 왜 퇴사하려고 하나요?"

"보통 새로운 직장을 찾은 다음에 퇴사하는데 그전에 퇴사를 하신 이유는 무엇인가요?"

"이전 회사에서 1년이 채 안 되고 옮기셨는데 특별한 이유가 있나요?"

답변 포인트

치명적인 내용이 아닌 납득할 만한 사유를 제시하자. 특히 이미 퇴사를 하고 지원하는 경우나 근속 기간이 짧은 경우라면, 그 이유를 설득력 있게 제시해야 한다. 만약 설득력이 없다면 당신은 상당히 불리해진다.

답변 예시

① 재직 중에 이직을 시도하는 경우

"현재 회사도 좋은 기업이고 충분히 성과도 내고 있어 만족스럽게 회사 생활을 하고 있습니다. (지원 기업)의 리크루트팀(또는 헤드헌터)로부터 제안을 받은 뒤 (지원 기업)의 (지원 직무)에 대해서 알게 되었고, (이러이러한 이유로) (지원 기업)에서 더 큰 기회가 있을 것이라 판단하였습니다. 또한 (이러이러한 이유에서) 저의 역량을 더 잘 발휘하고 현재보다 더 높은 성과를 달성할 수 있을 것이라 생각하여 이직을 결심하게 되었습니다."

현재 직장에도 만족하고 있지만 이직하려는 회사와 직무에서 더 큰 '기회'가 있을 것이라 판단했다고 말하는 것이 좋다. 어떤 관점에서 그렇게 생각했는지 충분한 근거도 있어야 한다.

② 이미 퇴사를 했거나 과거 퇴사한 이력을 묻는 경우

실제 퇴사한 사유와 관계없이 면접관이 우려할 만한 내용이 나오지 않는 것이 중요하다. 특히 예전 회사와의 갈등은 언급하지 않는 것이 좋다. 심각한 상황이 아니었을지라도, 면접관은 실제 상황을 모르기 때문에 우려할 수 있다. 괜한 오해는 불식시키는 것이 좋다. 치명적인 이슈를 살포시 덮어두기 위해 '리프레시', '역량 계발'을 사유로 드는 것도 방법이다.

역량 계발로 접근한 사례

"퇴사 전 (지원 분야)에 도전하고 싶었습니다. 이직을 준비했으나 역량 계발이 필요했고, 당시 회사를 다니면서 준비하기에는 어렵다고 판단하여 퇴직을 하고 준비해왔습니다."

실제 쉬는 기간 동안 어떤 부분을 보완하였는지, 어떤 역량을 계발하였는지 자격증, 어학능력 등으로 보여줄 수 있어야 한다.

리프레쉬로 접근한 사례(다른 사유를 만들기 어려운 경우 사용)

"그동안 목표를 향해 쉼 없이 달려오느라 리프레시가 필요했습니다. 지금까지 쌓아온 경험과 역량이면 언제든 시장에서 다시 실력을 발휘할 곳을 찾을 수 있을 것이라 확신했습니다. (여행, 운동 등 활동을 하며) 지금은 충분히 재충전이 되었고 다시 저의 열정을 쏟을 곳을 찾고 있습니다."

퇴사 후 공백 기간이 있다면 재취업이 가능할까?

현재 재직 중인 사람에 비해 이미 퇴사한 사람이 더 불리한 것은 맞다. 채용하는 입장에서 리스크가 있다고 생각할 수 있기 때문이다. 하지만 실제 채용을 진행하며 과거에 비해 최근에는 이직 전에 먼저 퇴사하는 경우도 많다는 것을 확인할 수 있었다. 경력자를 채용할 때 가장 중요하게 보는 것은 어떤 성과를 낼 수 있는가와 회사의 이슈를 해결할 수 있는 가이다. 지원 직무와 적합도가 높고 이를 증명할 수 있다면 경력에 공백 이 있어도 크게 문제가 되지는 않는다. 동시에 면접관의 우려를 불식시 킬 수 있는 답변이 꼭 필요하고, 공백 기간이 나소 긴 편이라면 그 기간 을 어떻게 보냈는지도 잘 답변할 수 있어야 한다.

'니즈 → 한계 → 해소'로 답변하는 방법

퇴사 사유를 니즈, 한계, 해소 3단계로 구성할 수 있다. 퇴사하려는 경우, 이미 퇴사한 경우 모두 쓸 수 있는 방법이다.

- **니즈**: 업무를 하면서 (이러이러한) 비즈니스 니즈를 갖게 되었다.
- **한계**: 현재 회사에서는 이를 실현하는 데 어려움과 한계가 있다.
- **해소**: 당신의 회사에는 (이러이러한) 기회가 있고, 니즈가 충족된다.

예시1) 새로운 업계, 필드에 대한 니즈(업계를 이동하는 경우)

"신규사업팀에 있으면서 모든 비즈니스가 모바일로 향해가는 것을 보았 습니다. 모바일과 관련된 비즈니스에 몸담고 싶어서 '모바일 기획'이라는 목표를 세웠지만, 이전 회사에서는 모바일 비즈니스를 실행하는 데 한계 가 있었습니다."

예시2) 동종 업계이나 더 넓은 직무 수행에 대한 니즈

"미디어 에이전시로서 광고 캠페인을 대행하였지만 최종 마케팅 결과를 확인하기는 어려웠습니다. 마케팅 전체 프로세스에 참여하여 마케팅의 최종 성과를 확인해보고 싶습니다. 그런 간절한 마음으로 브랜드 사이드로 이직을 결심하게 되었습니다."

예시3) 동종 업계이나 더 넓은 비즈니스 경험에 대한 니즈

"브랜드 사이드에서 다양한 마케팅을 실행하며 만족하고 회사를 다니고 있던 중 리쿠르트팀에서 연락이 왔고 채용 오퍼를 받게 되었습니다. 평소 이커머스와 관련해 더 다양한 카테고리와 스케일에서 깊이 있게 배우고 싶었기 때문에 놓칠 수 없는 기회라고 생각하고 지원하게 되었습니다."

현 회사의 한계에 대해 이야기할 때 주의사항

현재 회사의 한계에 대해 이야기할 때는 너무 부정적으로 이야기하지 않는 것이 좋다. 애사심이 없어 보일 수 있고, 회사에 대한 불평불만이 많은 스타일로 보일 수 있기 때문이다. 항상 부정적인 이야기를 할 때는 공감을 유발하면서도 선을 넘지 않는 것이 중요하다.

1.5 입사 후 포부

강한 입사 의지와 커리어 플랜 어필하기

앞서 지원동기를 간단한 포부로 마무리하는 것을 제안하였다. 입사 후 포부를 묻는 질문에서는 이제 그 포부를 어떻게 실행할 것이고 실제 어떤 성과를 만들어 낼 것인지 이야기하면 된다. 면접관은 입사 후에 이 사람이 어떻게 일할지 궁금하고, 막상 뽑아놓으면 면접 때 이야기한 내용과는 다르게 부정적으로 돌변하지 않을까 걱정하기 마련이다. 그러니 다시 한번 자신의 실행 의지와 성공 가능성을 확실히 각인시켜야 한다. '이 사람은 정말 그렇게 할 것 같다'는 생각이 들게 해야 한다.

질문 유형

"우리 회사의 어떤 부분에 기여할 수 있을 것이라 생각하나요?"

"무엇이 달라진다고 기대할 수 있을까요?"

"우리 회사에 온다면 가장 하고 싶은 일은 무엇인가요?"

"입사하게 된다면 궁극적으로 어떤 일을 하고 싶나요?"

"3년 후에 지원자는 어떤 모습일까요?"

답변 포인트

입사 후 포부를 말할 때는 2가지가 중요하다. 첫째, 면접관이 생각하는 고민과 나의 솔루션이 일치해야 한다. 정확한 기업 분석을 통해 기업이 간지러워하는 부분을 제대로 긁어주어야 한다. 아무리 멋지고 당찬 계획이라도 기업과 방향이 다르면 그 가치가 떨어질 수밖에 없다. 둘째, 대답은 구체적이야 한다. 아직 일하기 전이라고 해도 구체적으로 자신의 업무 계획을 말하는 것이 좋다. 해당 포지션에서 요구하는 목표와 실행 방안을 최대한 자세하게 제시해야 합격 확률이 높아진다.

포맷 제안

단기 플랜	단기 집중 과제 제시	**70% 분량**
	상황 및 해결 방안	
	예상 결과	
장기 플랜	중장기 커리어 골 제시	**30% 분량**
	달성 방안	

답변 예시

"가장 먼저 (지원 기업)의 (단기 과제) 달성에 집중하고자 합니다. (지원 기업의 주력 서비스)는 단기간에 시장 3위로 급성장하였지만, 아직도 (지원 기업의 주력 서비스)를 이용하지 않는 기업이 많습니다. (해결 방안)을 통해 더 많은 신규 고객을 확보하여 작년 대비 (2배) 높은 M/S를 확보하는 데 기여하겠습니다. 또한 3년 안에 (중장기 비즈니스 목표)를 달성하여 (업계명) 업계에서 가장 높은 성과를 올리는 (지원 직무) 전문가로 성장하는 것이 저의 최종 목표입니다. 이를 위해 (달성 방안) 등의 역량 계발에 힘쓰고, 회사와 함께 성장하겠습니다."

1.6 경력사항 확인 질문

업무에 얼마나, 어떻게 기여했는가

면접관은 경력기술서, 자기소개서 등 지원서류에 나와 있는 수행 업무에 대해 구체적으로 파고든다. 지원자가 정말 본인의 역량으로 아웃풋을 만들어냈는지, 업무 수행 역량은 어느 정도인지 확인하기 위해서다. 경력 면접에서 가장 많은 부분을 차지하는 질문이기도 하다. 면접관은 경력사항에 명시된 내용을 보고, 더 자세한 질문을 통해 지원자의 의도와 역량, 수준을 파악하고자 한다.

질문 유형

"해당 프로젝트에서 본인의 참여도는 몇 %라고 할 수 있나요?"

"왜 그 상황에서 그런 행동을 하셨나요?"

"메인 PM으로 참여하신 건가요? 아니면 서포트하신 건가요?"

"그 결과는 어땠나요?"(지원서류에 결과가 명시되지 않은 경우)

면접관은 지원자가 작성한 경력을 기반으로 어떠한 상황에서 어떻게 행동하였고 그 결과가 어땠는지, 서류에 있는 표면적인 내용을 넘어 더 정확한 신의와 행동을 직접 듣고 싶어 한다. 특히 결과물을 만들어내기까지 지원자가 어떤 과정으로 프로젝트에 참여했는지 물어보는 경우가 많다. 팀 프로젝트였다면, 팀 또는 그룹 내에서 얼마만큼 주도적으로 일했는지, 참여 비중은 어땠는지 물을 것이다. 면접관은 지원서류의 행간을 읽고, 이를 채우려 한다.

면접을 보다 보면 지원자가 허위 사실을 이야기하거나 자신의 역할을 과장하는 경우가 많다. 때문에 면접관은 더 정확하게 기여도, 태도, 결과를 확인하려 한다. 하나의 프로젝트나 에피소드에 대해 이야기할 때 상황-행동-결과 이 3단 구조를 취해 조리 있게 말하면 신뢰감을 줄 수 있다.

유의할 점은 놀랄 만한 내용을 넣는 것이다. 내 이야기가 면접관 입장에서는 일반적이고 평범한 이야기로 들릴 수 있다. 즉 '누구나 그렇게 하는 것이 아닌가'라고 생각할 수 있다. 지원자는 정말 최선을 다해 노력했어도 상대방은 그것을 온전히 느끼기가 쉽지 않은 법이다. 따라서 같은 내용이라도 평범하지 않게, 더 많이 고민하고 애썼던 부분을 강조해야 한다. '아, ○○ 상황에서 이렇게까지 했군'이라는 느낌을 최대한 전달할 수 있다면 좋다.

에피소드를 근거로 설명하는 경우 - SBA 기법

에피소드 요약	어떤 에피소드에 대해 이야기할 것인지 간략히 설명 예시) 신규 바이어를 발굴한 사례에 대해 이야기하도록 하겠습니다.
상황Situation	가급적 극적인 상황으로 몰아갈 필요가 있음 (어렵고 긴박했던 상황을 설명 / 장애요인을 명확하게 설정)
행동Behavior	그 상황에서 본인이 노력한 내용, 특히 남들이 일반적으로 하는 노력 이상의 내용을 이야기해야 함
성과Achieve	행동으로 유발된 성과를 정확하게 이야기해야 하며, 특히 구체 적인 수치를 통해 설명하는 것이 좋음
향후 적용 계획	이직 후 이러한 경험을 현 회사에 어떻게 적용할 것인지 설명 (필요한 경우에만 자연스럽게 사용할 것)

경력사항 확인 질문 예시

이미 제출한 지원서류를 펼쳐놓고 내가 면접관이라면 어떤 부분이 추가로 궁금할지 면접관의 입장으로 한번 자세히 분석해보자.

지원 서류의 핵심 내용	질문 내용
지원 서류 명시 내용	경력사항 확인 질문
매출 관련 데이터 시각화 작업 수행	어떤 툴을 활용하여 어떻게 분석을 했고, 분석한 데이터는 어떻게 활용하였나요?
상반기 개인 실적 180% 초과 달성	상반기 목표를 초과 달성한 요인은 무엇이라고 생각하나요?
뷰티 박람회에서 5개 신규 메이저 고객사 발굴	뷰티 박람회에서 고객사를 유치한 본인만의 노하우가 있다면?

1.7 채용 방해 요인 관련 질문(디펜스 질문)

단점을 장점으로 승화시키기

마케터는 제품을 구매하는 데 방해되는 요인을 제거하기 위해 노력한다. 마찬가지로 경력직 면접자도 자신의 채용 방해 요인을 제거하는 작업을 반드시 거쳐야 한다. 면접에서 기업은 지원자의 장점(보유역량)을 확인하려고 노력하는 동시에 결격 사유나 예상되는 문제점을 파악하여 채용의 리스크를 줄이고자 한다. 자신의 채용 방해 요인이 명확하다면, 이를 노련하게 방어하자. 강점을 제대로 어필하지 못하면 점수를 덜 받겠지만, 채용 방해 요인을 제대로 방어하지 못한다면 바로 탈락할 수도 있다. 따라서 나의 채용 방해 요인을 잘 찾아보고 답변을 미리 준비해야 한다. 특히 주요 방해 요인은 면접마다 단골로 물어보는 경우가 많고, 어느 정도 예상이 가능하기에 오히려 쉬운 질문이 될 수 있다.

답변 포인트

정답은 정해져 있지 않다. 누가 듣더라도 납득할 만한 자기만의 논리와 근거를 준비하여 면접관을 설득하고, 안심시킬 수 있으면 된다. 방어가

잘된 대답은 오히려 면접관의 걱정을 반전시켜 좋은 결과를 만들기도 한다. 3인칭 시점에서 객관적으로 자신의 현재 상태를 분석해보자. 어떤 점이 우려될 수 있는지 확인하고, 이를 장점으로 승화할 수 있는 전략을 세워보기 바란다. 면접 컨설팅이나 모의 면접을 통해 내가 발견하지 못한 약점을 찾고, 대응 전략을 조언받는 것도 객관성을 확보하는 데 좋은 방법이 될 수 있다.

자주 물어보는 크리티컬 포인트 질문 (대응 방안 예시)

예시1) "지금까지 해보지 않은 일 / 업계인데 가능할까요?"

업계나 직무가 바뀔 때 대부분 면접에서 물어보는 질문이다. 쥬얼리 업계에서 패션 업계로 이동하는 경우, 오프라인 사업에서 온라인 사업으로 이동하는 경우, 직무 중 특정 업무를 수행해보지 않았거나 일부만 수행해본 경우, 해외영업에서 해외영업 기획으로 직무를 바꾸는 경우 등이 해당한다.

　지원자 입장에서 자신의 단점을 잘 커버해야 하는 중요한 질문이다. '관심 있는 분야라 관련 활동을 계속 해왔다' 등 우려를 낮출 수 있는 방어 멘트가 필요하다.

　"처음에는 낯설 수 있을 거라고 생각합니다. 하지만 지금까지 해온 일과 관련성이 있고, 여러 가지 업무 스킬도 보유하고 있습니다. 지금까지의 경험과 역량을 바탕으로 단기간 집중적으로 노력해서 부족한 부분을 보완하도록 하겠습니다." 이 정도 답변이면 무난하다.

예시2) 직책 및 업무 환경 변화와 관련된 질문

· 팀장이 아닌 팀원 역할인데 괜찮을까요?(현재 팀장인 경우)

· 처음 팀장 역할을 맡는 것인데 괜찮을까요?(현재 팀원인 경우)

· 여자(남자) 구성원이 대부분인데 적응 가능할까요?

· 나이가 훨씬 어린 상사가 있을 수 있는데 괜찮을까요?

역시나 면접관을 안심시킬 수 있는 답변이 필요하다. '포지션, 직책, 성별과 관계없이 잘 적응해왔다. 일하는 데 있어서 장애 요인이라고 생각하지 않는다', '어떤 환경과 조건에서도 업무 퍼포먼스를 달성할 수 있도록 하겠다' 등의 답변이 좋다. '팀장을 해봤기 때문에 팀장의 마음을 잘 헤아리는 베스트 팀원이 될 수 있을 것이라 확신한다', '예전 직장에도 여자(남자) 직원이 대부분이었고 여성(남자)들과 소통하는 데 문제없다' 등의 멘트를 추천한다.

예시3) "출퇴근이 오래 걸리는데 가능하겠어요?"

이 질문은 전반적으로 지원자에게 호감이 생겼을 때 나올 수 있는 질문이다. 따라서 이 질문이 나왔다면 합격 가능성이 높다고 할 수 있다. '출퇴근이 오래 걸리더라도 통근 시간 동안 여러 가지를(독서, 인터넷 강의 등)할 수 있기 때문에 문제없다'라고 이야기하는 게 좋다.

실제 면접에서 자주 받아본 질문

"지방 근무도 가능하신가요?"

→ 본사나 현장이 지방에 있는 등 지방·근무가 필수인 경우는 무조건 가능하다고 답변하는 것이 좋다. 합격한 후 지방 발령에 대해 고민해도 시간은 충분하다.

"재택근무가 가능하신가요?"

"재택근무에 대해 어떻게 생각하시나요?"

→ 역시 긍정적인 답변이 좋다. '재택근무 경험이 있고 재택근무 시 전혀 어려움이 없었다. 성과 달성에 효율적인 부분이 많다고 생각한다'라는 식의 답변을 추천한다.

"영어로 커뮤니케이션이 가능하실까요?"

→ 영어 소통 능력에 대해서는 솔직한 답변이 좋다. 업무상 영어가 필수인 경우라면 영어로 소통하는 데 큰 어려움이 없다고 이야기하는 것이 좋다. 실제로 그 자리에서 시켜보는 경우가 많다.

Part2.
무조건 물어보는 단골 질문

단골 질문 Best 7
2.1 지원 기업 비즈니스 관련 질문

진정성을 보여줄 기회

경력직 채용에도 묻지 마 지원부터 입사 의지가 간절한 케이스까지 다양한 유형의 지원자가 존재한다. 같은 직장인끼리 대화하는 자리이므로 너무 저자세를 취할 필요는 없지만, 채용에 진지하게 임하고 있으며 지원 기업에 관심이 높다는 사실은 진지하게 보여줄 필요가 있다. 특히 지원 기업이 속한 비즈니스를 잘 이해하고 있는 모습을 보여주면 합격 가능성은 더욱 커진다.

질문 유형

"우리 회사 서비스가 경쟁사에 비해 특별한 점은 무엇인가요?"
"우리 회사 상품/서비스의 유저이신가요?"
"최근에 우리 플랫폼에서 인상 깊게 본 광고는 무엇인가요?"

답변 포인트

철저한 기업 분석을 통해 현재 기업이 집중하고 있는 부분을 확인해야 한다. 지원 기업의 서비스와 상품을 이용해본 경험이 있으면 좋지만, 이용 경험이 없더라도 면접을 위해 가능하면 사용해보자. 면접 전에 서비스를 사용해보고 느낀 바를 정리해보는 작업이 필요하다. 홈페이지 방문은 필수이고, 앱이 있다면 앱도 직접 설치한 뒤 사용해보자.

면접 전 꼭 확인해야 하는 내용

- 기업의 재무성과(매출, 영업 이익)
- 기업의 비즈니스 모델(수익 모델): 어떻게 돈을 버는지, 타깃 고객은 누구인지
- 경쟁사와 다른 경쟁력(차이점)
- 현재 비즈니스 현황 및 이슈: 신제품 런칭 등 기업이 고민하는 부분
- 지원 기업의 상품 또는 서비스 이용 경험
- 온·오프라인 매장 방문 경험

업계를 얼마나 이해하고 있는가

업계에 대한 관심과 지식, 이해도를 물어보는 질문으로, 사전 조사가 필요하다. 업계 이해도는 업무 역량에 직·간접적인 영향을 미치며, 이해도가 높은 사람일수록 조기성과를 달성할 가능성이 높다. 따라서 업계 트렌드를 잘 이해하고 있으면 적합도 측면에서 높은 점수를 받을 수 있다.

질문 유형

"해당 업계에서 현재 트렌드 혹은 화두라고 할 수 있는 이슈가 있다면 어떤 게 있을까요?"

답변 포인트

현재 시장 현황과 경쟁 상황에 대해 조사한 후 현업 종사자인 면접관이 공감할 수 있는 트렌드를 설명한다. 업계가 가진 가능성에 대해 긍정적으로 이야기하면 좋고, 지원 회사의 경쟁력과 연결해서 마무리하면 좋다.

포맷 제안

업계 트렌드	전체 시장 현황에 대한 설명
지원 기업 대응 상황	해당 이슈 및 트렌드에 대한 지원 기업의 대응 및 기대되는 부분 설명

기업 및 업계 분석 사이트

• 금융감독원 전자공시시스템(dart)

http://dart.fss.or.kr/

상장 기업의 경우 '분기/반기 보고서'를 통해 기업 분석이 가능하다.

• 한경 컨센서스

http://consensus.hankyung.com/apps.analysis/analysis.list

산업별, 기업별 증권사 분석 리포트를 조회할 수 있다.

• 컴퍼니가이드

https://comp.fnguide.com/

상장 기업과 관련한 다양한 데이터를 확인할 수 있다.

단골 질문 Best 7
2.3 직무 역량 확인 질문

직무 수행 레벨이 어느 정도인가

지원자의 직무 역량 수준을 확인하는 질문이다. 특정 역량의 수준을 단도직입으로 물어보기도 하고, 특정 상황을 가정하여 지원자의 의견이나 행동이 어떠한지 살피기도 한다. 실제 비즈니스에서 고민하고 있는 이슈를 사전 과제로 부여하는 경우도 있다. 면접 전에 과제를 제출하였다면, 이에 대해 프레젠테이션을 요구하기도 한다.

질문 유형

"엑셀은 어느 정도 구사하나요?"

"SQL을 업무에 활용해본 적이 있으신가요?"

"우리 회사에 온다면 에이전시 세일즈를 어떻게 활성화할 수 있을까요? 계획이 있다면 설명해주세요."

"해외영업을 할 때 가장 어려운 점이나 애로사항은 무엇이라고 생각하세요? 어려운 점을 개선시킨 경험이 있나요?"

답변 포인트

면접관이 이해할 수 있도록 역량 수준을 구체적으로 설명해야 한다. 그와 동시에 그 역량을 발휘하여 성취한 결과물도 언급해야 하며, 그 결과물은 지원 직무와 연관이 있어야 한다. 현재 회사에서 요구하는 역량이 아직 부족하다면 적극적인 방어가 필요하다. 현재 역량을 보완하는 중임을 어필하고, 빠른 습득이 가능한 타입임을 강조하자. 이때 과거에 특정 역량을 빠르게 습득했던 사례를 근거로 제시하면 좋다. 특정 업무 수행 시 애로사항을 물었다면, 애로사항에 대한 구체적인 솔루션이나 노력한 부분도 함께 제시해야 한다.

답변 예시

1. Bad Case: A를 사용해본 적이 있나요?

→ 아니요, 그 프로그램은 사용해보지 못했습니다.

2. Good Case: A를 사용해본 적이 있나요?

→ 그 프로그램은 아쉽게도 사용해본 경험이 없습니다. 하지만 유사 프로그램인 B를 능숙하게 다룰 수 있습니다. B를 익히는 데 어려움이 없었으므로 A 또한 조금만 노력한다면 단기간에 커버할 수 있으리라 생각합니다.(채용 방해 요인 제거)

면접 전 또는 현장에서 부여하는 사전 과제 예시

· 마케터 직무 - 입사 후 실제 어떤 마케팅을 할 것인지 마케팅 플랜 세우

　고 발표하기(세일즈 직무의 경우, 세일즈 전략 짜기)

· 디자이너 직무 - 한 시간 동안 PPT 템플릿 디자인하고 발표하기

· 프로그래머 직무 - 코딩 테스트

· 카피라이터 직무 - 실제 현황을 바탕으로 상품 또는 서비스의 카피 문

　구 쓰기

단골 질문 Best 7
2.4 가장 성과가 좋았던 업무

성과를 이끌어낸 액션 부각하기

성과가 좋았던 업무는 곧 나의 성공 사례다. 어떻게 보면 나를 어필하라고 멍석을 깔아주는 질문인 셈이다. 따라서 성과를 높이기 위해 시도했던 행동들을 중심으로 답변하면 된다.

질문 유형

"지금까지 가장 성과가 높았던 업무(프로젝트, 캠페인 등)는 무엇인가요?"

"○○프로젝트에서 높은 성과를 달성할 수 있었던 요인은 무엇인가요?"

답변 포인트

앞서 설명한 SBA 기법을 사용하면 짜임새 있게 대답할 수 있다. 먼저 구체적인 스토리로 들어가기 전에, 두괄식으로 무엇에 대해 이야기할 것인지 요약해서 들려줘야 한다.

① 상황을 설명할 때 주의사항

업계나 업무 분야가 다르면 상황을 이해하기 조금 어려울 수 있다. 따라서 장애 요인이 무엇이었는지 쉽게 설명하고, 용어도 쉬운 용어를 사용해야 한다. 너무 장황하지 않으면서도 얼마나 해내기 어려운 미션이었는지 공감대를 형성해야 한다.

② KFS와 구체적인 액션 제시

프로젝트의 핵심성공요인KFS, Key Factor for Success을 찾아, 이에 집중하여 장애 요인을 해소한 내용을 넣어야 한다. 팀 내에서 남들보다 주도적이고 적극적으로 활약했던 부분, 직무 역량(필살기)을 잘 발휘했던 부분을 구체적으로 이야기하자. 전체 팀이 잘한 것보다도 내가 잘한 내용이 중요하다.

③ 성취 결과에 포함해야 할 내용

성취 결과는 구체적인 지표와 수치로 표현하여 그것이 어느 정도의 성공이었는지 확인해주면 좋다. 지원자에게는 대단한 성과이지만 면접관은 잘 모르는 경우가 있으니 성과의 정도와 의미를 확실히 전달하자. 면접관이 추가로 해당 프로젝트의 핵심성과지표KPI, Key Performance Indicator와 달성 여부에 대해 질문할 수 있다.

실패 원인 분석과 인사이트로 마무리하기

모든 프로젝트가 다 성공할 수는 없다. 누구나 실패한 경험이 있기 마련이다. 실패를 했더라도 왜 실패했는지 원인을 정확히 분석하고, 미래를 위한 인사이트를 얻었다면 그것으로 의미가 있다. 실패한 스토리가 오히려 강점이 된 사례를 이야기하면 가장 좋다.

질문 유형

"지금까지 실패한 프로젝트는 어떤 것이 있나요?"

"생각보다 좋지 않은 성과를 달성한 프로젝트는 무엇인가요?"

"업무 수행 중 실패한 경험이 있다면 왜 실패했는지 말씀해주세요."

답변 포인트

실패 경험을 이야기해야 할 때, 자신의 귀책사유가 큰 사례는 좋지 않다. 열심히 했지만 어쩔 수 없는 외부 환경 요인으로 인해 실패한 사례를 이야기하는 것을 추천한다. 좋은 결과로 이어지지는 못했지만 어려운 상황에서 목표를 달성하기 위해 끝까지 고군분투한 내용을 이야기하자. 마지막에는 그 경험을 통해 무엇을 배웠는지 확실한 교훈을 이야기해줘야 한다. 항상 성공만 할 수 없다는 것을 면접관들도 잘 알기 때문에 결과보다는 진행 과정을 듣고 싶어 한다.

포맷 제안

상황Situation	어떤 프로젝트였으며 그 당시에 어떤 이슈 및 어려움이 있었는가
행동Behavior	문제 해결을 위해 어떤 노력을 했는가
결과+교훈 Output	실패한 결과와 그로 인해 무슨 교훈을 얻었는가

단골 질문 Best 7
2.6 성격의 장점과 단점

강점은 강조하고 단점은 축소하기

장점과 단점에 대해서는 7 대 3 분량으로 이야기하는 것이 좋다. 면접이 실제로 진행되면 장점을 어필하기에도 시간이 많이 부족하다. 그 와중에 단점까지 자세히 이야기할 필요는 없다. 간단하게 이야기하고 꼬리 질문 없이 바로 다른 질문으로 이동하는 것이 상책이다.

질문 유형

"성격의 장점과 단점, 하나씩만 이야기해보세요."
"본인의 성격 중에 직무에 적합하다고 생각하는 부분은 무엇인가요?"
"고치고 싶은 성격이나 습관이 있다면 어떤 것이 있을까요?"

답변 포인트

① 성격의 장점

성격, 태도와 같은 덕목은 업무 성과에 간접적인 영향을 주는 요소이다. 따라서 업무 성과 달성에 도움이 되는 덕목이 나와주어야 한다. 직무와 연관성이 높은 덕목을 말하는 것이 포인트이다. 외부 고객을 많이 상대하는 세일즈 직무라면 활발하고 적극적인 성격이 적합할 것이고, 법무팀, 인사팀 등 경영지원 직무라면 원칙을 잘 지키고, 꼼꼼한 성격이 적합할 것이다.

② 성격의 단점

업무 수행에 있어 방해 요인이 되지 않는 수준의 가벼운 단점이면 무난하다. 어떻게 보면 장점으로 보일 수 있는 내용이라면 더 좋다. 언뜻 들으면 단점이지만 관점을 달리하면 장점이 될 수 있는 그런 덕목을 이야기해보자. 단점을 보완하기 위해 어떤 노력을 하고 있는지 언급하는 것이 중요하다.

지원자가 면접을 보면서 실수하기 쉽고 어려워하는 부분이 성격의 단점 부분이다. 가장 많이 하는 실수가 실제로 심각한 단점으로 보일 수 있는 성격을 말하는 것이다. 예를 들어 '여러 사람 앞에서 말하는 데 어려움을 느낀다', '자잘한 실수가 많은 편이다', '일을 처리할 때 시간이 너무 오래 걸린다' 등 지나치게 솔직한 답변은 면접관의 마음에 걱정의 씨앗을 심을 수 있다. 면접관은 지원자의 단점이 얼마나 심각한 수준인지 알 수 없다. 이런 경우에는 다른 단점으로 변경하거나, 표현의 수위를 낮추는 것이 필요하다. 면접관을 괜히 걱정하게 만들 필요는 없다.

· 단점으로 무난한 덕목

단점	장점으로 볼 수 있는 부분	극복 방안
완벽하게 일하려는 경향	높은 업무 완성두	업무별 데드라인을 정해놓고 작업한다. 상사에게 중간보고를 한다.
다방면에 욕심이 많은 경향	일 욕심, 또는 다양한 분야에 걸친 관심과 경험	중요도를 계산하여, 업무 성과와 관련도가 높은 부분에 리소스를 집중한다.
주변 사람들의 어려움을 지나치지 못하는 성격	조직 내에서 이타적인 업무 수행 가능	주어진 업무와 역할을 충실히 수행하였는지 먼저 점검한다.

정제된 질문으로 마지막까지 점수 따기

경력직 면접의 경우 '마지막으로 하고 싶은 말'보다는 '마지막으로 하고 싶은 질문'을 물어보는 경우가 더 많다. 질문 기회를 주는 것에 특별한 이 유는 없고, 회사를 대표하는 면접관으로서 지원자에게 매너를 보여주고 자 하는 것이 의도이다. 하지만 마지막 질문까지 잘 활용하여 좋은 모습 을 보여줄 수 있어야 한다. 드물지만 '마지막으로 하고 싶은 말'을 물어본 다면 입사 의지를 보여줄 수 있는 짧은 멘트면 무난하다.

질문 유형

"끝으로 우리 회사에 궁금한 점이 있으실까요?"
"마지막으로 이번 채용이나 회사에 질문 있으신가요?"

답변 포인트

모집 요강에는 대표 업무만 표면적으로 나와 있는 경우가 많기 때문에 직무 수행에 대해 자세하게 물어보는 것을 추천한다. 조직의 목표와 그 목표를 이루기 위해 해당 포지션에서 집중해야 하는 일, 업무 프로세스 또는 협업 방식을 물으면 좋다. 질문이 없으면 관심이 없어 보이고, 질문을 너무 많이 하면 면접관 입장에서 귀찮을 수 있다. 또 회사의 비전, 사업 전략 등은 면접관이 임원이 아닌 이상 답변하기 어려울 수 있다. 그러니 가급적 회사와 직무에 대해 한두 가지 질문을 하면 충분하다. 급여, 복리후생 등 처우에 관한 질문은 면접관보다는 채용담당자나 헤드헌터에게 문의하는 것이 좋다.

답변 예시

"고객 응대, 수수료 정산, 내부 교육 등 다양한 업무가 있는데 업무의 우선순위가 있을까요?"

"현재 (지원 기업)의 서비스 개발에서 가장 집중하고 있는 분야는 무엇인가요?"

Part3.
디테일하지만 중요한 기타 질문

기타 질문 Best 9
3.1 스트레스 관리 관련 질문

스트레스 해소법으로 마무리하기

극한 상황에서 멘탈이 쉽게 무너지거나, 스트레스에 취약한 사람은 아 닌지, 스트레스를 받았을 때 어떻게 해소하는지 확인하는 질문이다. 스 트레스를 받더라도 적극적으로 해소하고 있다는 내용으로 이야기를 마 무리하자.

질문 유형

"평소 스트레스 관리는 어떻게 하시나요?"

"어떤 상황에서 스트레스를 받으시나요?"

"최근 가장 스트레스를 받은 일은 무엇이었나요?"

답변 포인트

스트레스를 받는다고 해도 업무에 전혀 지장이 없다는 것을 보여주면 된 다. 웬만하면 스트레스를 잘 받지 않는 편이고, 스트레스를 받더라도 적 극적으로 해소하는 타입이라고 이야기하는 것이 좋다. 조금 뻔해 보인다고 해도 '잠을 잘 자면 금방 회복된다', '주말에 주기적으로 운동을 하며 스트레스를 풀고 있다', '친구들과 맛있는 것 먹으면서 수다를 떨다 보면 어느새 기분이 풀려 있다' 등으로 대답하는 것이 무난하다. 답변을 한 뒤 꼬리 질문 없이 다음 질문으로 넘어가면 베스트이다.

기타 질문 Best 9
3.2 여가 시간 관련 질문

자기계발 활동 슬쩍 넣기

개인의 관심사를 통해 캐릭터를 간접적으로 이해하려는 목적으로 가볍게 물어보는 질문이다. 취미생활뿐만 아니라 자기계발도 하고 있음을 이야기하면 성장하는 사람, 성실한 사람이라는 이미지를 얻을 수 있다.

질문 유형

"퇴근 후나 주말에는 주로 시간을 어떻게 보내시나요?"

"여가 시간을 어떻게 보내세요?"

답변 포인트

취미나 여가를 무조건 업무로 연결하는 것은 억지스러울 수 있지만, 성장이나 관리 측면에서 간접적인 어필은 가능하다.

자격증, 강의, 스터디 등 직무 역량 계발과 관련된 활동 한 개, 공원 산책, 자전거, 등산, 필라테스, 요가 등 업무에 활력을 줄 수 있는 취미 활동 한 개 정도 이야기하는 것이 좋다.

당락에 크게 영향을 미치는 질문은 아니므로 너무 자세하게 이야기할 필요는 없다. 여가 시간도 헛되이 보내지 않고, 의미 있게 보내는 모습을 보여주면 충분하다. 자기계발과 성장을 중요하게 생각하는 태도를 보여주는 답변이 좋다.

3.3 함께 일하기 어려웠던 유형

누구나 싫어할 법한 유형을 말하자

지원자의 업무 성향, 캐릭터, 대인 관계, 협업 역량을 간접적으로 파악하기 위한 질문이다. 회사에서는 직원들 간 갈등이 빈번하게 발생하기 때문에 면접관은 지원자의 대인 관계 관리 능력과 태도를 보고자 한다. 누구나 싫어할 법한 유형과 그 상황을 어떻게 대처했는지 이야기하는 게 좋다.

질문 유형

"지금까지 일하면서 가장 일하기 어려웠던 유형은 어떤 유형일까요?"
"본인과 함께 일하기 어려운 유형은?"
"함께 일할 때 맞지 않는 사람이 있었다면? 어떻게 관계를 유지하나요?"

답변 포인트

실제 있었던 갈등을 그대로 이야기하면 나의 단점이 노출될 수 있다. 너무 솔직한 답변보다 누구나 납득이 가고, 모두가 싫어할 만한 인물 유형을 언급하는 것이 좋다. 앞서 설명했듯 부정적인 이야기를 할 때는 수위 조절에 신경 써야 한다. 따라서 동료 직원의 문제를 이야기할 때도 팩트를 언급하고 감정적인 선을 넘지 않는 것이 중요하다.

　이어서 대처 방안도 언급해야 한다. 이런 동료와 어떻게 원만하게 지냈는지, 어떻게 성공적인 협업을 이끌어냈는지를 설명한다. 갈등을 해소하고, 조직의 이익을 위해 노력했던 부분까지 잘 설명해야 높은 점수를 받을 수 있다.

답변 구성: 함께 일하기 어려웠던 유형 + 대처 방법

예시1) 자기주장이 너무 강해서 다른 사람의 의견을 잘 듣지 않는 사람

→ 충분한 데이터로 설득

예시2) 업무 의욕이 부족한 사람

→ 공동의 목표 제시, 부담이 적은 업무 요청

예시3) 약속을 잘 지키지 않는 사람

→ 미팅 전 리마인드 메시지 전달

3.4 롤모델

롤모델은 결국 '나의 캐릭터'에 대한 간접적인 어필

지원자가 중시하는 신념과 가치관을 엿볼 수 있는 질문이다. 실무 면접보다는 인성 위주의 임원 면접에서 주로 등장한다. 롤모델의 어떤 점을 존경하는지 말하는 과정에서 나의 강점을 간접적으로 드러낼 수 있다.

질문 유형

"롤모델은 누구인가요?"

"존경하거나 닮고 싶은 사람이 있다면 누구인가요?"

답변 포인트

어필하고자 하는 덕목을 먼저 키워드로 결정한다. 롤모델의 어떤 부분을 닮고 싶은지 키워드로 제시하면, 직장인으로서 갖고 있는 나의 니즈와 가치관을 보다 선명하게 보여줄 수 있다. 롤모델은 나의 캐릭터이자 미래의 이미지를 대변한다. 짧은 면접 시간에 효과적으로 자신을 어필할 수 있는 부분이다.

지양해야 할 롤모델1. 부모님

많은 사람들이 어머니나 아버지를 롤모델이라고 답변하는데 이는 매우 식상한 느낌이 있다. 만약 부모님을 언급한다면, 어떤 점을 닮고 싶은지 스토리를 참신하게 구성해야만 한다.

지양해야 할 롤모델2. 나만 아는 사람

나만 알거나 잘 알려지지 않은 사람은 피하는 것이 좋다. 자세히 설명해야 하고 공감을 불러일으키기도 쉽지 않기 때문이다. 되도록 면접관들도 알 만한, 대중적인 인지도가 있는 사람을 말하자.

추천하는 롤모델(어필 포인트)

롤모델은 내가 어필하고자 하는 덕목과 연관된다. 그래서 먼저 어떤 덕목을 어필할 것인지 정해야 한다. 면접에서 추천하는 덕목은 '전문성'이다. 특정 분야에서 최고가 된 전문가를 롤모델로 선정하자. 그 인물이 오랜 기간 피나는 노력을 통해 전문성을 획득한 과정을 설명하는 과정에서 나의 직업관도 간접적으로 어필할 수 있다.

예시 1) 백종원 - 일반인 누구나 쉽게 만들 수 있는 요리 레시피 공유

예시 2) 강형욱 - 개의 눈빛과 소리만 듣고도 개의 심리를 파악하는 반려견 분야의 최고 전문가

'(롤모델)처럼 나도 ○○분야에서 ○○한 전문가가 되고 싶다'고 마무리한다면, 직무에 대한 포부와 성장 의지를 보여줄 수 있는 최고의 롤모델 답변이 될 것이다.

기타 질문 Best 9
3.5 리더형 or 팔로워형

어떤 유형이든 논리적인 근거를 대자

지원자의 리더십 성향을 묻는 질문이다. 직무에서 요구하는 업무 성향을 한번 생각해보고, 그 업무 성향과 일치하는 쪽을 선택하는 것이 좋다. 정답이 있는 질문은 아니다. 어떤 유형을 선택하든 선택의 근거를 논리적으로 이야기하는 것이 중요하다.

질문 유형

"리더형과 팔로워형 중 본인의 성향과 가까운 유형은 어떤 유형인가요?"
"리더와 팔로워 중 자신의 역량이 더 발휘된 쪽은 어디인가요?"

답변 포인트

나의 업무 성향과 업무 수행상 발휘되는 장점을 생각해보고 이와 가까운 쪽을 선택하자. 한쪽에 치우친 극단적인 유형이 아니라는 점을 알리기 위해 "군이 한쪽을 선택하자면" 이러한 멘트로 시작하는 것이 좋다. 관리자(팀장) 채용이 아니더라도 리더형을 선택할 수 있다. 실제 조직을 이끈 경

248
라이언식 이직 테크트리

험이 없더라도 주도적으로 업무를 수행한 경험이 근거가 될 수 있기 때문이다. 관리자 채용이 아니라면 실제 조직을 이끌게 되진 않을 것이므로, 맡은 업무를 리더처럼 주도적으로 수행해왔다고 이야기할 수 있다.

답변 예시

① 리더형

"굳이 한쪽을 선택하자면 리더형에 가깝다고 생각합니다. 저는 매사 주도적으로 업무를 수행하고 있습니다. 다른 사람이 시키는 업무를 맹목적으로 수행하기보다 목표에 맞춰 스스로 계획을 짜고, 실행하고 있습니다."

② 팔로워형

"굳이 한쪽을 선택하자면 팔로워형에 가깝다고 생각합니다. 저는 놓치는 것 없이 꼼꼼하게 일하는 장점이 있습니다. 정해진 프로세스 안에서 정확하게 결과물을 만들어내기 때문에 조직에 기여도가 높고, 조직 내에서 높은 신뢰를 받고 있습니다."

3.6 처우 관련 질문

처우에 대한 협상은 채용담당자에게 하자

회사마다 정책이 다양하고 개인마다 차이가 있지만, 이직 시 현재 연봉 수준보다 10% 상향해주는 것이 일반적이다. 직급별로 정해진 테이블이 있어서 그 범위 안에서 직급별 상한액을 넘기지 않는 기업도 있다. 연봉과 관련해서는 면접에서 최종 합격한 이후, 인사팀 담당자와 협상하는 경우가 대부분이다. 따라서 실무자나 소속 팀장이 처우에 관해 묻더라도, 자세히 답하거나 강하게 주장할 필요는 없다.

질문 유형

"희망 연봉은 어떻게 되시나요?"

"희망 연봉을 맞추지 못하는 경우, 어떻게 하실 건가요?"

답변 포인트

협상보다 태도를 보여주는 데에 초점을 맞추자. '업무 성과를 달성할 자신이 있기 때문에 희망 연봉을 맞춰주시면 좋겠지만, 회사에도 정해진 정책이 있을 것이라 생각한다. 최종적으로는 내규에 따르도록 하겠다.' 또는 '현재 수준보다 조금이라도 상향된다면, 동기부여가 될 것이다. 하지만 최종적으로는 회사의 기준에 따르겠다.' 이 정도로 이야기하는 것을 추천한다. 면접에서는 태도를 보여주면 된다. 협상은 그나음 스테이시이다.

기타 질문 Best 9
3.7 출근 가능 일정

인수인계, 재충전의 시간을 갖자

여러 가지 질문을 통해 지원자가 직무에 적합하다고 판단할 때, 뽑고 싶은 마음이 강할 때 면접 마지막에 물어보는 질문이다. 즉, 합격에 가까워졌다는 신호이다. 대부분의 회사는 지원자가 최대한 빨리 와주길 바라고, 실제로 이를 대놓고 요청하는 경우도 있다. 무조건 빠른 입사보다는 인수인계 시간, 재충전의 시간 등을 고려해 대답하는 것을 추천한다.

질문 유형

"합격한다면 언제부터 출근이 가능하신가요?"

"최종 합격 이후 입사까지 얼마나 걸릴까요?"

답변 포인트

거의 모든 면접관이 하루라도 빨리 조직에 합류해주기를 희망한다. 하지만 당락에 영향을 미칠 거라는 걱정 때문에 무조건 빨리 입사할 수 있다고 말하는 것은 좋지 않다. 기존 회사에서 인수인계가 필요할 수도 있으니 여러 가지 상황을 고려해보는 것이 좋다. 직장인에게 채용이 확정되고 쉬는 기간만큼 재충전하기에 좋은 시간은 없다. 최소한 일주일이라도 여유를 가지고 출근하자. '조율이 가능하지만 2~4주 후에 가능하다', '현재 입무를 마무리하고 인수인계하는 시간이 필요하다'라고 양해를 구하는 것이 좋다. 일반적으로 앞으로 가게 될 회사가 1개월 정도 여유 시간을 지원자에게 주는 것이 도의적으로 맞다. 상대가 납득할 수 있도록 입장을 충분히 설명하면 된다.

기타 질문 Best 9
3.8 업무 강도 관련 질문

유연한 마음가짐을 보여주자

정말 야근이 많아서 물어보기보다는 이러한 상황을 어떻게 받아들이는지 알아보기 위해 질문하는 경우가 많다. 무조건 '일을 많이 하겠다'거나 '워라밸이 중요하다'고 선을 긋는 것보다 상황에 맞게 유연하게 일할 수 있다는 것을 보여주는 것이 더 현명하다. 실제 야근을 많이 하는 조직의 경우 "야근을 많이 하는 편인가?"라고 대놓고 물어보기도 한다.

질문 유형

"야근이 많고 업무 강도가 높은데 괜찮을까요?"

"상황에 따라 야근(주말 출근)이 계속된다면 어떻게 하실 건가요?"

답변 포인트

회사 일이라는 게 매일 똑같이 돌아가지 않는다. 업무 범위와 업무량이 조금씩 바뀌고 새로운 업무나 미션이 생기는 경우도 많다. 결과물을 만들어내기 위해 많은 업무를 단기간에 처리해야 하는 순간도 있다. 회사는 이런 상황에서 기꺼이 업무에 집중할 수 있는 사람을 원한다. 특히 이직을 하면 여러 환경이 달라지기 때문에 시간을 들여 업무에 적응하겠다는 것을 보여주면 좋다. '업무를 파악하고 조기성과를 내기 위해 많은 시간을 투자할 계획이다'라고 이야기하면 좋은 인상을 남길 수 있을 것이다. 회사는 워라밸에 집착하는 사람보다 회사의 문제 해결에 집중할 경력사원을 찾고 있는 중이니 회사 입장을 이해하는 쪽으로 이야기하는 것이 좋다.

답변 예시

① "야근이 많은데 괜찮은가요?"

"야근은 전혀 문제없습니다. 워라밸이 중요하다고 생각하나, 업무가 급하거나 시간 투자가 필요한 상황에서는 결과를 위해 야근을 하고 있습니다. 일을 통해 성장할 수 있다고 믿고 있고 지금까지 최고가 되기 위해 많은 시간을 투자해왔습니다. 특히 새로운 환경에 적응하고, (지원 기업)에서 좋은 성과를 이어 가기 위해 초반에는 더 많은 시간을 집중할 계획입니다. 성과를 먼저 달성한 이후 워라밸 또한 잘 챙기겠습니다."

② "워라밸에 대해 어떻게 생각하세요?"

"일과 라이프의 밸런스가 장기적인 업무를 위해 중요하다고 생각합니다. 하지만 입사하게 된다면 새로운 업무 적응, 조기성과를 위해 우선 일에 집중하고 싶습니다. 성과를 달성한 이후 업무를 효율적으로 수행하는 방법을 고민하여, 워라밸도 챙기도록 하겠습니다."

기타 질문 Best 9
3.9 희망하는 업무 환경, 복리후생

일에 집중하고자 하는 마음을 노출하자

무엇인가를 해주고 싶은 마음보다 지원자의 성향과 속마음을 파악하려는 목적이 강한 질문이다. 따라서 일에 집중할 수 있는 환경이면 좋겠다고 답하는 것이 좋다.

질문 유형

"어떤 기업문화이기를 희망하나요?"

"혹시 우리 회사에 바라는 복리후생 제도나 업무 환경이 있나요?"

"가장 기대하는 복리후생 제도는 무엇인가요?"

답변 포인트

복리후생보다는 커리어 성장과 관련된 욕구를 이야기하는 것이 더 좋다. 복리후생은 지원자의 요청으로 바뀔 수 있는 부분이 아니므로 향후 복리후생 담당자에게 이야기하는 편이 나을 것이다.

① 답변 예시

"복리후생도 좋지만 업무에 집중할 수 있는 환경이면 좋을 것 같습니다. 최대한 높은 성과를 달성하기 위해 비효율은 줄이고, 생산성은 높이는 입무 툴이나 프로세스 등이 구축되어 있다면 좋겠습니다."

② 답변 예시

"구성원들의 의견이 회사에 도움이 될 수 있다고 생각합니다. 서로 존중하는 문화, 업무에 대해 자유롭게 토론하고 최적의 대안을 만들어내는 문화면 좋을 것 같습니다."

경력직 면접,
마지막 당부의 말

라이언의 면접 합격률은 어느 정도일까?

면접에 초대받은 것만으로도 훌륭하다. 그동안 당신이 직장이란 전쟁터에서 고군분투해오며 맡은 역할에 충분히 땀 흘려왔으리라 생각한다. 아무리 역량이 뛰어나도 직무와 어울리지 않으면, 즉 업무 적합도 측면에서 맞지 않으면 떨어질 수 있다. 필자 또한 합격하는 곳도 많았지만 탈락하는 곳도 많았다. 완벽한 지원자는 없다. 가장 적합한 지원자가 존재할 뿐이다. 아쉽게도 완벽한 준비는 직장인에게 쉽게 허락되지 않는다. 바쁜 업무 가운데서 겨우 짬을 내어 지원서류를 넣고, 면접이 잡히면 회사의 눈치를 봐가며 겨우 참여하기도 한다. 따라서 항상 주어진 시간과 상황 안에서 집중력을 발휘하고 최선을 다하는 것이 중요하다.

궁지에 몰린 긴박한 상황에서 최고의 잠재력이 발휘된다

인간은 긴박한 상황에 몰리면 오히려 집중력이 높아지고, 능력이 극대화된다. 경력직 면접은 퇴사를 한 상황이 아니라면 누구나 단기간에 준비해서 승부를 봐야 하는 미션이다. 면접을 준비할 시간이 넉넉하지 않겠지만 단 한 시간이라도 깊게 몰입할 수 있다면 엄청난 에너지를 쏟아낼 수 있을 것이다. 모의 면접을 진행하면서, 첫 번째 모의 면접 이후 하루 만에 놀랍게 성장한 지원자들을 많이 봐왔다. 이제 고지가 당신의 눈앞에 있다. 포기하지 말고 핵심 질문부터 기타 질문까지 답변 양식을 참고해 자신만의 콘텐츠를 준비해보자. 당신은 시장에서 충분히 팔릴 만한 가치가 있고, 면접에서 보여줄 매력은 이미 충분하다.

최종 결정 전략

"우리가 누군지 결정하는 것은
능력이 아니라 선택이다."

-〈해리 포터와 비밀의 방〉 중

경력 채용의 모든 관문을 통과하여 최종 합격을 했다
면 세부 조건을 조율하는 마지막 단계에 접어들게 된
다. 합격의 단맛에 취하여 놓치면 향후 치명적일 수 있
으니 모든 항목들을 잘 살펴야 한다.

최종 합격 이후
놓치면 안 되는 것들

여러 단계의 검증을 마친 후 회사에 꼭 필요한 사람으로 인정받았다면, 이제 키는 지원자가 쥐게 된다. 채용 부서는 현업 부서가 어렵게 섭외한 후보자가 최대한 최종 근로계약까지 맺게 해야 하는 책임이 있다. 이 단계에서 후보자가 이탈하면 책임 소지가 발생한다.

그럼에도 불구하고 좋은 게 좋은 거라고, 저자세로 협상 테이블에 들어가는 지원자가 많다. 최대한 쿨한 척하면서도 여러 가지 조건들을 최대한 유리하게 자신에게 끌어오는 작업이 이 시점에서 매우 중요하다.

최종 합격 이후 신중하게 결정해야 하는 항목들
① 연봉

② 직급/직책

③ 근로계약

④ 입사일

연봉계약,
영혼까지 끌어올리는 방법

연봉은 한 번 정해지면 다시 올리기가 쉽지 않기 때문에 처음부터 최대한 높은 연봉으로 계약하는 것이 좋다. 직장인이 연봉에 반전을 줄 수 있는 계기는 이직밖에 없다. 막무가내로 높게 요구하기보다는, 서로 윈윈할 수 있는 적정 범위 내에서 근거를 제시하여 정당하게 요구하는 것이 좋다.

연봉 결정에 작용하는 2가지 요인

① 회사에서 얼마나 나의 역량을 필요로 하는가?

면접을 진행하다 보면 소속 팀에서 현재 나의 경험과 역량을 얼마나 필요로 하는가를 간접적으로 느낄 수 있다. 회사에서 해결하지 못하는 이슈를 해결할 자신이 있거나, 회사에서 추진하는 사업에서 성과를 달성할 자신이 있다면 유리한 위치에서 협상이 가능하다.

② 급여 테이블은 얼마나 유연한가?

기업마다 직급별, 직책별 급여 테이블이 다르다. 경력직 채용의 경우 어느 정도까지 유연하게 대우해주는가가 협상에서 중요하다. 연차별, 직급별 상한선이 정해져 있다면 그 이상으로 받기는 쉽지 않다. 절대적인 금액이 아닌 역량과 가능성에 따라 기존 연봉을 베이스로 인상률(%)을 정해놓은 기업도 있다. 개발 인력의 비중이 높거나 외국인 임원이 있는 경우 급여 테이블이 탄력적일 가능성이 높다. 우수 인력이라면 적극적으로 투자할 수 있다는 의미이다.

이직 시 기존 연봉을 베이스로 10% 인상이 일반적이다. 복리후생 등 연봉 이외의 조건이 기존 회사보다 떨어지는 경우 많게는 20% 이상 요구할 수 있다. 필자의 경우 온라인 쇼핑몰로 이직할 때 복리후생이 이전 회사와 너무 비교되어 30% 인상을 요구한 적도 있었다. 이처럼 단순히 연봉만을 비교하지 말고, 전체 조건을 모두 파악하여 비교해야 한다.

동일한 기준에서 비교하라

① 동일한 시점에서 비교하기

보통 입사 시 연봉계약을 연중에 하기 때문에 입사 후 바로 다음 해에는 연봉협상을 하지 않고, 그 다음 해 초에 하게 된다. 그러므로 내년 연봉을 기준으로 비교해야 한다.

② 동일한 방식에서 비교하기

포괄임금제는 야근, 주말 근무 등 초과 근무에 대해 별도의 수당이 제공

되지 않고 연봉에 모두 포함하는 방식이다. 최근 국내에서도 인재 확보 경쟁으로 인해 야근 시 수당을 따로 지급하는 비포괄임금제를 실시하는 기업이 늘어나고 있다. 그러므로 협의하는 연봉이 포괄인지 비포괄인지도 반드시 확인해야 한다.

인사담당자가 끝까지 지원자의 희망 연봉을 맞추기 어렵다고 한다면
회사 인사담당자가 요청한 연봉을 맞추기 어렵다고 하고, 그보다 낮은 조건을 당신에게 제시하면 어떻게 해야 할까? 우선 정확한 계산이 가장 중요하다. 재직 중인 기업에서 연봉협상을 하게 되면 어떤 금액이 예상되는지 계산해보자. 평균 인상분과 인센티브(상여금)를 포함한 실수령액으로 계산한 뒤에 왜 희망 연봉을 요구하는지 근거를 들어 설득해볼 수 있다. 만약 그럼에도 받아들여지지 않는다면 더 이상 바뀔 가능성은 높지 않다. 현재 수준으로 계약을 할지, 아니면 이 회사를 포기할지 결정해야 한다. **협상이라는 것 자체가 불편한 과정일 수 있으므로 요구 사항을 이야기할 때는 최대한 정중하고 밝은 톤으로 이야기하는 것이 좋다.**

원티드 '직군별 연봉' 조회 서비스

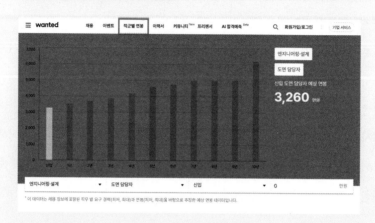

https://www.wanted.co.kr/salary

직군, 직무, 연차 입력 시 업계 평균 연봉을 추정해 계산해준다.

동일한 위치에 있더라도 커리어와 회사에 따라 연봉은 천차만별일 수 있으니, 평균치는 연봉협상 시 참고 목적으로 활용하기를 바란다.

간과해서는 안 되는 직급과 직책

직급과 직책 또한 지원자들이 크게 고민하지 않는 항목 중 하나이다. 연봉만 잘 받으면 되고 직급은 크게 중요하지 않다고 생각할지도 모른다. 하지만 회사에서 직급에 어떤 의미를 부여하는가에 따라 직급은 매우 중요한 요소가 될 수 있다. 직급이 회사 내의 서열이나 실력, 전문성을 대변

한다면 최대한 높게 시작하는 것이 좋다. 요즘은 수평적 문화가 확대되어 직급에 대해 예전만큼 큰 의미를 두지 않는 추세이나 직급이 공개되는 이상 업무에 영향을 미치는 것이 사실이다. 게다가 한 번 정해진 직급을 한 단계 올리려면 장기적으로 엄청난 노력이 들어간다.

현재 차장인데 채용담당자가 과장 직급을 제안한다면 그 의미를 쉽게 눈치챌 수 있다. 하지만 차장인데 L5로 계약하자고 하는 등 어떤 위치인지 알기 어려운 생소한 직급 체계를 제안한다면, 꼭 확인해봐야 한다. 전 회사에서는 같은 레벨이었던 동료가 상사로 오게 되는 불상사는 없어야 하니 말이다. 직급은 직원에 대한 상대적인 비교가 될 수 있기 때문에 최대한 신중히 협상해야 한다.

근로계약 시 꼭 확인해야 할 것

근로계약 시 근로 기간이 명시되어 있는지 꼭 확인해야 한다. 연봉은 1년 단위로 갱신하기 때문에 연봉계약서에는 기간을 명시하는 것이 맞다. 하지만 계약직이 아닌 정규직이라면, 근로계약서에는 근로 기간이 적혀 있지 않아야 한다. 정규직 채용인데도 만일의 사태를 위해 근로 기간을 써 놓는 꼼수를 쓰는 회사가 종종 있다. 기간이 나와 있다면 이것이 **근로 계약에 대한 기간인지, 연봉계약에 대한 기간**인지 반드시 확인해야 한다.

금요일 퇴사, 월요일 출근하지 말 것

대부분의 회사는 바쁘다. 새 직원이 최대한 빨리 합류하여 일해주기를 희망한다. 나 역시 처음 이직할 때는 입사일이 채용에 영향을 미칠까 봐 걱정이 되었다. 그래서 하루도 쉬지 않고 퇴사 후 바로 출근을 했다. 금요일에 퇴사해 새 회사에 월요일에 출근한 것이다. 새로운 분야로 이직한 것이기에 협상력은 하나도 없고, 뽑아준 것에 감사한 마음이있다.

앞서 언급하기도 했지만, 직장인에게 이 시기가 아니면 리프레시할 수 있는 시간이 없다. 따라서 가급적 2~4주 여유를 두고 출근하는 것을 추천한다. 보통 언제 퇴사하는지 날짜까지 물어보지 않기 때문에 지원 기업에 퇴사일을 밝힐 필요는 없다. 적당한 사유를 말하는 것으로 충분하다. 단독 수행 업무가 있어 인수인계 시간이 필요하다거나, 현재 마무리 단계인 프로젝트가 있으니 시간을 달라고 요청하면 된다.

채용 확정 후 1개월까지는 기다려주는 게 일반적이다. 1개월 정도도 배려해주지 않는 회사라면 입사를 다시 한번 고려해보기 바란다. 그런 기업은 비즈니스가 시스템이 아닌 사람에 의존하여 진행되는 경향이 높고, 들어가더라도 힘든 업무 환경이 예상되기 때문이다.

어떤 기업의 경우 지원자를 최장 3개월까지 기다려주는 경우를 목격한 적도 있다.(3개월은 기다리는 사람 입장에서 좀 힘들긴 하다) 급하게 들어가기보다는 최대한 일찍 퇴사하고, 한 달이라는 준비 기간 동안 새로운 업무 수행에 필요한 역량을 빠르게 마스터하는 것이 장기적으로 볼 때 도움이 된다. 그동안 자신의 회사생활을 되돌아보고 새로운 회사에서 성공하기 위한 계획을 세워볼 수도 있다.

최종 선택
평가하기

이제 모든 조건이 확정되었고 최종 선택만이 남아 있다. 향후 후회하지 않는 이직이 되도록, 대안을 하나하나 꼼꼼하게 비교해보자. 여러 기업에 최종 합격하였다면 기업들을 동시에 평가할 수 있고 하나의 기업에 최종 합격하였다면 현재 회사와 비교할 수 있다.

높은 연봉과
회사 인지도가 다는 아니다

단순히 높은 연봉과 높은 직책으로 이직하는 것이 중요한 것은 아니다.

옮긴 곳에서 내가 얼마나 일을 잘 해낼 수 있는가, 이직 이후 얼마나 행복하게 일할 수 있는가가 더욱 중요하다. 사회 초년생이나 주니어가 아닌 시니어라면 이 점을 더욱 충분히 고려해야 한다. 성과를 더 많이 보여줄 수 있는 곳인지, 내가 하고 싶은 일인지, 안정직인 곳인지 등을 확인해야 한다. 인지도가 높은 대기업으로 간판을 바꾸었다고 성공한 것이 아니다. 이직의 목표를 설정하는 단계에서 내가 **중요하다고 판단한 가치와 니즈**가 있었을 것이다. 이를 만족시킬 수 있는 곳인지 다시 판단해보라.

이직 이후 달라지는 모든 것
상상해보기

이직을 통해 표면적으로 얻게 되는 것만 생각하면 안 된다. 사소한 것이라도 변하는 것들을 모두 따져보아야 한다. 아래와 같은 평가 요소를 기준으로 손익을 계산해볼 수 있다.

대안 평가 요소

급여	급여 인상률(기본급, 인센티브 등 따로 비교)
복리후생	휴가, 통신비, 주택자금 대출, 의료비, 동아리, 외부 교육 지원 등
업무 만족도 (양과 질)	새로운 업무와 시스템에 적응하기 위해 투입되는 노력, 워라밸
업무 환경	업무 지원 툴 제공 여부(맥북, 포토샵, 세일즈포스 등)

기업문화	자율적인 문화 혹은 통제하는 문화 (재택근무, 보고 및 회의, 복장 등)
직책/직급	관리자인지 아닌지, 현재 직급보다 상·하향 여부
팀 구성	구성원 평균 연령대, 성비 구성 등
통근 거리	시간 및 비용, 물리적 거리
개인 신용	은행 대출 시 끼치는 영향

라이언이 사용 중인 대안 평가표

평가항목	이커머스 C사	소셜플랫폼 T사
성장 가능성	★★★	★★★★
직무 적합도	★★★★	★★★★
재미 요소	★★★	★★★★
급여	★★★★	★★★★★
복리후생	★★★	★★
거리	★	★★
안정성	★★★★	★★
업무 강도	★★★	★★
근무 환경	★★★★	★★
인지도	★★★★★	★★
평균	3.4	2.9

퇴사 통보는
최대한 신중하고, 매너 있게

1. 신중하게 말한다

이직은 쥐도 새도 모르게 추진하고 결과가 모두 확정된 후에 통보해야 한다. 처우, 담당 업무, 입사일을 포함한 근로계약서에 사인을 완료한 뒤에 기존 회사에 퇴사 신청을 한다. 채용이 구두로 확정되었다고 하더라도 갑작스럽게 취소되는 경우도 있기 때문에 모든 것이 서면으로 확정된 이후에 지금의 회사에 퇴사 통보를 해야 한다.

2. 매너 있게 말한다

조만간 나갈 회사라고 하더라도 함부로 행동해서는 안 된다. 매너 없게 퇴사할 경우, 향후 이직 평판 조회에 부정적인 영향을 미칠 수 있다. 오히려 마지막 순간까지 프로다운 모습을 보일 때 나의 퇴사를 지금의 회사가 아쉬워하게 될 수 있다. 퇴사 통보는 소속 팀장에게 먼저 하는 것이 매너이다. 팀장에게 알린 뒤 인사팀과 퇴사 절차를 밟으면 된다. 조직의 업무에 공백이 크게 생기지 않도록 가능한 선에서 충실히 인수인계를 하고, 책임감 있게 마무리한다.

회사나 팀이나 특정 개인에게 불만이 있더라도 너무 부정적으로 쏟아낼 필요는 없다. 업계가 좁고 언제 다시 어떤 관계로 만나게 될지 모르기 때문이다. 다소 서운한 마음이 있다고 하더라도 대인배의 마음으로 훈훈

하게 마무리하는 것이 좋다. 현재의 동료는 미래의 상사가 될 수도 있고, 고객이 될 수도 있다.

라이언식 이직 테크트리

부록

꿈꾸던 목적지에
다다른 당신에게

지금 도착한 곳이 종착역이 아닐 수 있다

어려운 도전 끝에 이직에 성공한 당신에게 같은 직장인으로서 큰 박수를 보낸다. 더 나은 곳을 향해 도전했고 그 도전을 현실로 이뤄냈다. 이직에 성공했다는 사실만으로도 큰 성취감을 느낄 것이다. 하지만 원하는 회사에 들어갔다고 무조건 꽃길이 펼쳐지는 것은 아니다. 경기는 새로운 라운드로 접어들었고 이제부터가 진짜 실력을 마음껏 발휘해야 할 때다. 라이언식 이직은 이직에 성공했다고 바로 종료되는 시스템이 아니다. 지금 도착한 이곳이 종착역일 수도 있지만 아닐 수도 있다. 직장생활의 변수는 워낙 다양하니 말이다. 새로운 기회가 찾아오기도 하고, 또 갑자기 폭풍이 불어닥치기도 한다. 이번 장에서는 새로운 회사에 집중하면서도 저절로 다음을 준비할 수 있는 노하우를 선물하고자 한다.

부록_ 꿈꾸던 목적지에 다다른 당신에게

이직도 중독될 수 있다

이직에 성공하면 자신감이 생긴다. 시장에서 나의 가치를 인정받았다는 것만으로도 어깨에 힘이 들어간다. 특히 라이언식 이직 테크트리를 구축한 순간 이직 시장에 '나'는 계속 노출되고, 오퍼 또한 주기적으로 들어올 것이다. 이러한 자신감이 당신을 방심하게 만들 수 있다. 한번 이직의 달콤함을 맛보고 또 언제든 다른 회사에 갈 수 있다고 생각하면, 첫 회사에서 가졌던 진정성과 인내심은 사라져버린다. 새로운 회사에서 마음에 안 드는 부분이 생기거나 조금만 갈등이 생겨도 참지 못하고 철새처럼 이리저리 옮겨 다니게 되고 커리어는 완전히 꼬여버리게 된다.

인내하고 또 인내하라

새 직장에서 6개월, 1년이 지나면 슬슬 이직 충동이 올라온다. 눈에서 콩깍지가 벗겨지고, 새 회사도 별거 없다고 느껴지기도 한다. 만약 회사에서 기대하는 성과를 달성하지 못한 경우라면, 입사 초기와 분위기가 많이 달라졌을 수도 있다. 이직이라는 카드가 있지만 매번 이직하는 게 능사는 아니다. 어떻게든 회사 내에서 문제를 해결하고 극복하고자 노력해야 한다. 완벽한 회사는 없다. 어떤 회사든지 장점도 있고 단점도 있다. 지금 견딜 수 없다면 다른 회사에서도 마찬가지라고 생각하고 인내심을 가지고 버텨보라. 1년 이하의 경력은 지원자에게 치명적일 수 있다. 새 회사의 면접마다 당신의 퇴사 사유를 물을 것이고, 가는 곳마다 채용 방해 요인으로 작용할 것이다. 해보는 데까지 해보고 정말 답이 안 나오고 시간만 아까운 상황이라면 그때 최후의 수단으로 이직 카드를 꺼내 들어야한다.

내 노력과 회사의 평가는 다를 수 있다

통신회사에서 광고회사로 이직했을 때 지금까지 살아오면서 가장 많은 시간을 업무에 투자했었다. 당시 광고 사업에 대한 이해가 부족했기 때문에 피나게 노력하며 팀장으로서 올바른 의사결정을 내리고, 생산적인 피드백을 전달하려고 했다. 야근과 주말 출근은 일상이고 회사 수면실에서 자는 경우도 많았다. 입사 3개월 후, 나는 첫 성과 평가에서 최하점인 D를 받았다. '1년도 아니고 고작 4개월 동안 얼마나 대단한 일을 할 수 있단 말인가' 억울하기도 하고 회사가 냉정하고 혹독하다고도 느꼈다. 다른 업계에서 와서 경험이 부족하거나 근무 기간이 짧은 것은 내 사정이었다. 당시 면담에서 평가자인 실장님은 "네가 열심히 하는 것은 잘 알지만, 절대적인 기준에 많이 부족한 상황이라 그렇게 평가했다"라고 설명했다. 너무 냉정한 말이었고 납득할 수 없었지만 오랜 시간이 흐른 뒤에 나는 그 평가가 잘못되지 않았다는 생각이 들었다. 나는 하루에 12시간 이상 일한다고 생각했지만 그중 많은 시간은 비즈니스에 대해 공부하는 시간이었다. 이는 성과가 아니었다. 나는 공부 또한 일이라고 착각하고 있었던 것뿐이다.

누구나 새로운 회사에 가면 초반에 열심히 노력한다. 면접에서 이야기한 포부도 있고, 경력사원으로서 인정받고 싶기 때문이다. 하지만 나의 노력과 회사가 바라보는 평가는 별개일 수 있다. 비즈니스 역량을 높이기 위해 공부하는 시간을 일과 혼동해서는 안 된다. 내가 실제로 회사에 얼마나 기여하고 있는가를 생각하면서 일해야 한다.

우선순위를 정하고 핵심 업무에 집중하라

역량이 많고, 다양한 업무를 담당할 수 있을수록 회사의 요구가 많아지고, 업무 범위가 넓어지게 된다. 쉽게 말해 이것도 해달라고 하고 저것도 해달라고 한다. 이렇게 되면 처음에 합의한 R&R(역할)과 다른 일을 하고 있는 자신을 발견할 수 있다.

하지만 이렇게 업무가 분산되면 평가에서 좋은 결과를 얻기가 힘들다. 회사는 내가 얼마나 기꺼이 다양한 업무를 자발적으로 수행하고, 전사적인 관점에서 이타적으로 일했는지 알아주지 않는다. 아무도 신경 쓰지 않는 팀 회식을 전담하고, 팀 공통 업무에 헌신했다고 하더라도 그런 것은 참고사항일 뿐이다.

업무의 키는 자기 자신이 쥐고 가야 한다. 업무의 우선순위를 확인하고, 회사에서 가장 중요하고 필요로 하는 일에 집중해야 한다. 입사 초기 조직으로부터 요구받은 일, 당신이 해결하기로 한 업무에만 집중하라. 과정을 알아주고 평가를 반영해주는 회사는 거의 없다. 항상 평가를 염두에 두고 우선순위를 정해 핵심 업무에 리소스를 집중해야 한다. 그리고 자신의 업무를 수치화해서 Before & After를 증명할 수 있는지 고민해야 한다. 핵심성과지표와 수치로 제시할 수 있는 일에 집중하고, 결과를 보여준다면 억울한 일은 없을 것이다. 이렇게 해야 자신의 노력을 보다 정확히 보상받을 수 있다.

Always On 모드 유지하기

이직 후 새 업무에 집중하다 보면 다른 부분은 신경 쓰지 않게 된다. 새로 들어오는 업무는 많아지고 하루하루 일정에 맞춰 다양한 업무를 처리하다 보면 당연히 그렇게 될 수밖에 없다. 하지만 그런 와중에도 이직 시장에서 자신이 팔릴 수 있는 상태를 유지하는 것이 필요하다. 가장 먼저 자신이 수행하는 업무를 정리해보자. 본인이 어떤 일을 하고 있는지 그때그때 히스토리를 기록해두지 않으면 이직 콘텐츠가 필요할 때 많은 리소스가 소요되고, 자료 정리가 버거워서 제대로 작성할 수 없다. 항상 본인이 맡고 있는 업무를 업무기록표에 정리하는 습관을 가져야 한다.

이직 콘텐츠의 소스가 되는 업무 기록표(예시)

작성일	구분	업무명	Situation	Behavior	Achieve
0313	마케팅	서비스 가이드 자료 작성			
0510	영업 지원	뷰티 기업 제안 참여			

위와 같이 어떤 업무를 어떤 상황에서 어떻게 수행하였고, 그 결과는 어땠는지 간단하게나마 기록해두자. 이 자료가 곧 이직 콘텐츠 소스가 되고 4가지 지원서류인 이력서, 경력기술서, 자기소개서, 포트폴리오를

업데이트할 때 중요한 뼈대가 되어준다. 연말이나 연초 업무 평가 시 실적 자료를 정리하는 데도 큰 도움이 된다. 적어도 분기 1회 자신의 지원 서류를 업데이트해서 온라인 지원서에 업로드하자. 지금 수행하는 업무 하나하나가 향후 이직의 소스가 되고, 다음 이력서를 채울 한 줄이 되어 줄 것이다.

이제 여러분만의
이직 테크트리를 펼쳐볼 시간

꿈을 찾아 도전한 시간, 그리고 얻게 된 것들

하고 싶은 일 하나만 보고 대기업을 떠나 무모하게 도전한 지 5년, 괜찮은 노도 하나 없이 나침반만 들고 맨땅에 헤딩을 반복하며 항해한 끝에 겨우 여기까지 오게 되었다. 처음에는 준비된 것 하나 없어도 이직 후 3년 안에 세상을 바꿀 수 있을 것 같았지만, 아직까지도 평범한 직장인 중 한 명에 불과하다. 그렇지만 지난 시간 동안 힘들었던 만큼 얻은 것도 많다. 업계에서 빠르게 성장 중인 회사에서 그동안 꿈꿔왔던 일을 하고 있고 훨씬 많은 보상을 받고 있으며, 마음이 잘 통하는 멋진 동료들과 함께 일하고 있다. 예전 회사에 계속 있었다면 과연 지금처럼 행복했을까? 하루하루가 고통이었던 과거의 직장생활을 떠올리며 현재의 모습에 너무나도 감사함을 느낀다.

더 맞는 자리, 더 많은 기회가 당신을 기다리고 있다

이제 당신의 마케팅을 실행할 차례이다. 현재의 자리에 만족하는가? 충분히 실력을 발휘하고 있고 충분히 인정받고 있는가? 작은 두려움만 떨쳐버리면 더 많은 기회, 더 나은 처우를 만날 수 있다. 당신에게 더 맞는 일, 역량을 더 발휘할 수 있는 곳을 찾아 계속 도전하라. 내가 지금까지 겪었던 경험과 이를 통해 깨달은 이직 테크트리 전략이 당신의 시행착오를 줄여줄 것이다. 또 스스로 도전하는 과정에서 당신에게 맞는, 더 나은 노하우를 터득하게 될 것이다. 훗날 '그때 정말 힘들었지만 여기까지 올 수 있게 되어 감사하다'라고 스스로에게 박수를 보낼 수 있는 날이 올 것이다. 그런 날이 오기를 같은 직장인으로서 간절히 바란다. 나 자신을 셀링하는 마케터로서 인생의 전환점을 스스로 마련하는 짜릿한 경험을 맛볼 수 있기를 바란다.

라이언식 이직 테크트리

ⓒ 라이언 2023

초판 1쇄 인쇄 2023년 2월 10일
초판 1쇄 발행 2023년 2월 17일

지 은 이	라 이 언	펴 낸 곳	찾다	
펴 낸 이	최 아 영	출판등록	2021년 11월 22일 제2021-000049호	
		전 화	031-431-8390	
교정교열	최 지 은	팩 스	031-696-6081	
디 자 인	데 일 리 루 틴	전자우편	calmdown.library@gmail.com	
인쇄제본	제 이 오	인 스 타	calmdown_library	
I S B N	979-11-978384-5-3 13320